京都　夏の極めつき

柏井壽

光文社新書

貴船神社
鞍馬寺
三千院
大原
延暦寺
比叡山
くらま
きぶねぐち
にのせ
いちはら
にけんじゃや
きょうとせいかだいまえ
きの
いわくら
はちまんまえ
ケーブルやせ
やせひえいざんぐち
ケーブルひえい
みやけはちまん
たからがいけ
こくさいかいかん
宝ヶ池
賀茂神社
上賀茂橋
妙円寺
新宮神社
赤山禅院
修学院離宮
きたやま
まつがさき
半木神社
高野川
叡山本線
しゅうがくいん
曼殊院
左京区
きたおおじ
いちじょうじ
詩仙堂
金福寺
下鴨神社
天寧寺
ちゃやま
くらまぐち
上御霊神社
相国寺
烏丸通
もとたなか
でまちやなぎ
いまでがわ
京阪鴨東線
梨木神社
鴨川
銀閣寺（慈照寺）
京都御所
下御霊神社
地下鉄烏丸線
東山区
哲学の道
大文字山
如意ヶ岳
まるたまち
じんぐうまるたまち
平安神宮
京都市役所
永観堂（禅林寺）
南禅寺
ひがしやま
けあげ
からすまおいけ
きょうとしやくしょまえ
さんじょうけいはん
辰巳稲荷
日向大神宮
湖西線
錦天満宮
知恩院
からすま
かわらまち
ぎおんしじょう
八坂神社
しじょう
圓徳院
高台寺
山科区
河原町通
建仁寺
八坂の塔
地下鉄東西線
みささぎ
六道珍皇寺
六波羅蜜寺
ごじょう
きよみずごじょう
地主神社
清水寺
やましな
市比賣神社
方広寺
本願寺
しちじょう
妙法院
三十三間堂
智積院
東海道本線
きょうと
とうふくじ
万寿寺
ひがしの
東海道新幹線
くじょう
東福寺
とばかいどう
なぎつじ
ふしみいなり
伏見稲荷
いなり
伏見区
奈良線
ふかくさ
名神高速道路
くいなばし
おの
地下鉄東西線
奈良街道
ふじのもり
たけだ
藤森神社
近鉄京都線
京阪本線
JRふじのもり
だいご
醍醐寺
外環状線
いしだ

京都市内広域図

京都市内広域図
おすすめどころ
1 松乃鰻寮
2 音戸山山荘畑善
3 La Boulange ASANO
三尾
神護寺
常照寺
北区
嵐山高雄パークウェイ
大徳寺
金閣寺（鹿苑寺）
船岡山
上京区
龍安寺
等持院
大報恩寺（千本釈迦
仁和寺
北野天満宮
大覚寺
うたの
おむろにんなじ
りょうあんじ
とうじいん
みょうしんじ
きたのはくばいちょう
嵯峨嵐山
なるたき
妙心寺
千本通
トロッコあらしやま
さがあらしやま
ときわ
はなぞの
えんまち
うずまさ
二条城
トロッコさが
らんでんさが
ろくおういん
くるまざきじんじゃ
ありすがわ
かたびらのつじ
広隆寺
山陰本線
天龍寺
あらしやま
うずまさこうりゅうじ
うずまさてんじんがわ
にしおおじおいけ
嵐山
かいこのやしろ
らんでんてんじんがわ
にじょう
やまのうち
にしおおじさんじょう
京福電鉄嵐山本線
右京区
さい
さいいん
松尾大社
まつお
西大路通
たんばぐち
西芳寺（苔寺）
阪急嵐山線
桂川
山陰道
にしきょうごく
かみかつら
西京区
天神川
桂離宮
かつら
東寺
にしおおじ
JR京都線（東海道本線）
阪急京都本線
南区
かつらがわ
らくさいぐち
桂川
向日市
むこうまち
ひがしむこう
東海道新幹線
N

はじめに　本書の使い方

旅の愉しみ。それは大まかに分けて六つある。

「歩く」。「観る」。「感じる」。「味わう」。「手に入れる」。「泊まる」。

そしてそれらは、四季それぞれに別物である。もっとも分かりやすいのは「味わう」ことだろうか。春の旨いものと冬のそれがまったく異なるように、旅の愉しみは四季それぞれに異なる。ましてやそれが京都旅となると、なお一層のこと。

これまで、さまざまに京都という街をご紹介してきたが、今回は季節ごとの愉しみ方をご紹介したい。

京都に生まれ育って、もうすぐ暦がひと回りする。つまりは六十回近く、春夏秋冬を繰り返してきたわけで、身体に「京都の季」が染み込んでいる。

京を離れ、旅先に居ると感じ取れないが、京都に戻ると、すぐに〈季〉を感じる。眼が、肌が、心が、自然と〈季〉を感じ取ってしまう。

春夏秋冬。季節はたった四つにしか区切られないが、その移ろいは鋭角ではなく、緩《ゆる》やかなカーブを描く。たとえば、食に旬があるように、京都の〈季〉にも〈旬〉がある。〈旬〉だけでなく、〈走り〉があり、〈名残り〉もある。

先に掲げた六つの愉しみは四つの季節、さらにはその中の三つ――〈走り〉〈旬〉〈名残り〉の移ろいごとに存在する。6×4×3。つまり京都旅には少なくとも七十二通りの愉しみ方があるのだ。

日本の本来の暦、太陰暦。そこには二十四節気があり、さらには七十二候がある。数字は偶然にも同じ七十二だが、その区分とはいくらか意味合いを異にするのが本書の特徴だ。

たとえば夏。本来の暦で区切れば五月から始まり七月に終わる。二十四節気でいう、立夏から大暑まで、六つの節気が夏となるのだが、今の太陽暦の「夏」とは、どうしてもズレを感じてしまう。本書を編むにあたってもっとも悩ましい問題はここだった。

都人の責務、とは大仰《おおぎょう》に過ぎるかもしれないが、叶《かな》うなら旧暦に合わせて歳時をご紹介したいと願っていた。だが、実際に旅をする人々には、実感として捉えにくいだろうとも思う。

たとえば「五山の送り火」。八月十六日の夜空を焦がすそれは、正確に季節に照らせば秋になってしまう。秋の京都旅に「五山の送り火」を紹介するのもいかがなものか、そうも考える。やはり夏の行事として紹介するのが分かりいいだろうと結論付けた。

碁盤の目に整備された京都の街に倣《なら》い、縦軸に六つの愉しみを並べ、横軸に季節の時間軸を並べるイメージ。その交差するところを辿れば、それぞれの季節に旅する愉しみが、くっきりと浮かび上がるという寸法だ。

まずは夏。大まかに水無月、文月、葉月の三ヶ月とした。それぞれに〈走り〉〈旬〉〈名残り〉がある。六月の半ばから八月の半ばまで。京都がもっとも夏らしい表情を見せる時候を並べた。

以下の本文でご紹介するのは、

一．夏にこそ歩きたい道。

二．夏の行事。夏の風物詩。

三．夏に食べておきたい味。
四．夏の京都から足を伸ばしたい場所。
五．夏に泊まりたい宿。

である。

京都の夏といって思い浮かぶのは、「祇園祭」「五山の送り火」「川床店」辺りだろうか。無論それらも見どころではあるのだが、他にもまだまだたくさん、夏ならではの京都がある。

「夏だ。そうだ、京都に行こう」

目次

第三章　夏の京都のうまいもの　97

第一章　夏の京歩き・ご利益巡り

夏歩きのご利益

夏の京都を歩く。考えるだに暑い。拭《ぬぐ》っても拭っても額から滴《したた》り落ちる汗。あまりの暑さにふらふらとめまいさえ催《もよお》す。と、これくらい脅《おど》しておけばいいだろう。多少の誇張はあるものの、それくらいの覚悟をもって臨んでほしいのが、夏の京歩きだ。

春秋の快適な季節なら、目的も持たずにぶらぶら歩くのもいいのだが、夏にそれではとても歩き通せるものではない。夏に京都を歩くなら、目的、あるいはテーマを決める。これが鉄則と心得るべし。

何を目的にし、何をテーマにして歩くか。夏歩きの目的はずばり「ご利益《りやく》」である。いささか即物的ではあるが、厳しい暑さの中を歩こうと思えば、これくらいのストレートな目的がいい。

京都には今風のことばでいう「パワースポット」が数多く存在している。千年の長きにわたって日本の都であり続けたのだから、そこには霊力とも呼ぶべき不思議な力が備わっている。中国の長安城、すなわち現在の西安を範《はん》として造られた平安京。そこには風水思想を取り入れたとも、陰陽道《おんみょうどう》を理想としたとも、さまざまな言い伝えが残っている。科学的な根拠には乏しいものの、千二百年を超えた今も、京都の街にはそれらの片鱗が息づいている。暑い夏に京都を訪れたなら、その片鱗を窺《うかが》いながら歩きたい。

観光立国を目指す日本には、どういう方法で、何を売り物にして観光客を呼び込むか、苦《く》心惨憺《しんさんたん》している街や村が数多く存在する。街起こし、村起こし。ゆるキャラを広報係に当て、ご当地グルメを発掘し、ボランティアガイドを養成する。それでも中々集客はままならない、というのが日本各所にある観光地のつらい現状だ。

それに比べて京都はどうだろう。たしかに千年の都。見るべきものも多く、美味にも事欠かない。ゆるキャラなどに頼らずとも千客万来。多少の増減はあるものの、入洛客《にゅうらくきゃく》は年間五千万人を数える。

一方で、デパートが催す物産展がある。日本各地の物産を一堂に集め、展示即売するもの。この人気度から計ると、京都は必ずしもナンバーワンではないのが不思議。一に北海道、二に九州沖縄、ときて、京都は三位に甘んじているそうだ。どころか、近年人気の東北地方にその三位の座さえ奪われそうだという。

これはつまり「モノ」ではなく、訪ねてこその京都だということ。北海道や九州は、わざわざ訪ねなくても、その「モノ」を手に入れることさえできればいい。だが京都は直《じか》に訪ねてみたいと思われているようなのだ。

では、人は京都の何に魅きつけられるのだろうと考えてみる。無論、神社仏閣、名勝、食事処、といくつも目指すところはあるのだろうが、実はそれ以上に、京都の〈気〉に魅きつけられているのではないだろうか、と思い当たった。

人の英知も、ましてや力など及ぶべくもない世界があると信じ、それを敬い、頭を垂れて祈りを捧げる。神社仏閣はむろんのこと、大木や磐《いわ》、水の流れなど、自然の造形にも神が宿ると信じてやまない。それが都の人々。

先に、京都には数多くの「パワースポット」が存在していると書いたが、それを正確にいうと、千年もの長きにわたって「都」であり続けた京都の街そのものが既《すで》に「パワースポット」なのである。

そんな京都という地でご利益を授かるために、人は競って京都へやって来る。

ご利益とは仏教用語である。法力によって恩恵を与えること、なのだ。他を益することをいうのであって、自らを益する場合は功徳《くどく》という。したがって、法力を頼ることなくしてご利益なし、ということになる。「ご利益がある」、ということばは間違っている。ご利益は

「授かる」、もしくは「預かる」「享《う》ける」もの。まずはその根本を理解してから京都を訪ねてほしい。

京都を守るチカラ

なぜ京都を訪ねるとご利益を授かるか、それは千二百有余年遡《さかのぼ》らないことには分からない。平安京が造営された頃の京都。その過程を知れば自ずと明らかになる。

京都で享けるご利益、それは、都がさまざまな神々によって護《まも》られていることに起因しているのだ。

そもそも桓武天皇は、今の『京都御所』から南西に十数キロ離れた長岡の地に都を築いたのだが、わずか十年と経たずに、京都の地へ都を移してしまう。それはどうやら、目に見えない〈魔〉から逃れ、目に見えない〈神〉にすがったからのようなのだ。

先に、ご利益とは法力によって授かると書いた。その法力が及ぶためには、享ける側が清らかな心持ちでなければならない。神社やお寺へお参りする際には、必ず手水舎《ちょうずや》で身を清めるのも、この理屈。

身近な例で喩えるなら化粧。綺麗に化粧するためには、まずは素顔を整えなければならない。衣服も同じ。美しく着飾るためにはまずは体形を整える必要がある。あるいは食。胃腸の調子を整えずして、美味に出くわしても美味を感じ取れない。つまりは受け入れ態勢が整っているかどうか、が極めて重要なのである。

これらの例と同じく、ご利益の前段階として、厄《やく》が憑《つ》いていないことが条件となる。その意味で、平安京は遷都にあたり厄が憑かないように、さまざまな仕掛けが施《ほどこ》されたのだ。

その一例が〈四神相応〉という風水思想であることはよく知られた話だ。

北＝玄武《げんぶ》。東＝青龍《せいりよう》。西＝白虎《びやっこ》。南＝朱雀《すざく》。

〈四神相応〉とは、天空の四方の方位を司るこの四つの神に、それぞれふさわしい地相があるという考え方で、古くからアジアのあちこちで信じられている。国によって、その対応付けは異なっているが、日本では〈山川道澤〉とするのが一般的だ。玄武は丘陵、青龍は清流、白虎は街道、朱雀は湖沼。

平安京はまさに、その四神にふさわしい地相だった。すなわち、玄武に相応する『船岡《ふなおか》山』、青龍には『鴨川』、白虎は『山陰道』、朱雀には『巨椋《おぐら》池』があり、ぴったり符合した。これに気付いて桓武天皇は、はたと膝を打ち、「しめた」と思ったに違いない。奈良仏教の影響が及ぶことのない長岡に都を置いて、わずか十年も経たずに再び都を移したのは、きっとこの四神相応の地を見つけたからに相違ない。

天災も近親者の不幸も、何もかもすべては〈地〉のせいとして、再び都を移すべく、その場所を探していた桓武天皇にはまさに僥倖《ぎょうこう》。喜び勇んで、京に都を移したのだった。

科学が未だ届かない頃には、すべての災厄は怨霊に代表される、目に見えぬ〈邪悪〉のせいだとされてきた。目に見えぬ〈邪〉に対抗するには、目に見えない〈神〉に頼るしかない。それが風水であり、陰陽道だった。四方の神が見守る地に都を置いて、桓武天皇はホッとひと息ついたことだろう。

船岡山

と思いきや、それだけではまだ不安だったと見えて、〈鬼門〉守護にも万全を期《き》した。

〈鬼門〉。読んで字のごとく、鬼が出入りする方角をいい、それは丑寅《うしとら》の方向、すなわち北東と陰陽道で定められている。

恵方巻き、節分の丸かぶりで、すっかり有名になったように、〈恵方〉すなわち吉方は毎年変わるが、凶方は変わることなく、丑寅の方角だと陰陽道で決められてしまった。故にこの方角は忌み嫌われ、魔除《よ》けを配置せねばならなかった。

遠く、比叡山《ひえいざん》に『延暦寺』を置き、御所との中間には、『赤山禅院《せきざんぜんいん》』を配した。そして肝心の御所の鬼門は、角を無いものとし、さらには魔除けの「神猿《まさる》」を見張り番に置いた。猿は丑寅の反対方向（未申《ひつじさる》）だから、とも、魔が「去る」に掛けたともいわれるが、真意のほどは不明。

しかし、そも〈鬼〉とは何か。これもまた平安京から始まったものといってもいい。無論それまでにも概念としての〈鬼〉は居たのだろうが、その姿かたちが定まったのは平安京からである。

〈鬼〉といえば、頭に二本の角を生やし、虎の皮の下着を着けている。口には牙、指には鋭い爪。この牛と虎の合体というべき姿は、〈鬼門〉の方位、「丑寅」から来ている。つまりこの姿かたちは、最初に〈鬼門〉という概念ありきのものなのである。そしてその語源は、実在しない〈居《お》ぬ〉者だからとも、〈鬼門〉が陰陽道でいう〈陰《おん》〉だからともいわれているが、いずれにしても平安京から生じたのは間違いなさそうだ。

「『大丸』さんは陽で、『髙島屋』はんは陰や」

陰陽道、遠く平安京の話……とばかりには言い切れないものと、僕は子供の頃に実感した。

小学三年生の夏休みも終わる頃、宿題をようやく済ませたご褒美にと、朝早くから、祖母がデパートへ連れて行ってくれた。おもちゃ売り場へと気ばかりがあせり、『大丸』の正面玄関前で、十時の開店を今や遅しと、足踏みしながら待ち構えていた。

一分前ともなると、店員たちがドアの横に整列し、時計を見ながら扉を開けるタイミングを計っている。僕はダッシュ体勢に入る。と、時報とともに、ドアが開いた。「いらっしゃいませ」の声を聞くが早いか、駆け出そうとする僕のシャツを、祖母がむんずと掴《つか》んだ。たしなめるように、首をゆっくり横に振った祖母は先を歩き、悠々と玄関を潜《くぐ》り、僕はその後をしぶしぶ付いていった。訝《いぶか》る僕に祖母が言ったひとこと。

「朝一番のお店に、男が入るもんやない」

子供には理解できないだろうと思ったのか、祖母はそれ以上の説明を加えなかったし、僕も聞こうとはしなかった。その意味合いを理解するのは、ずっと後のことになる。

中学最後の年だったろうか、祖父母と一緒に、当時、四条河原町を上ったところにあった『ビフテキのスエヒロ』というレストランへステーキを食べに行ったときのこと。

ランチタイムの開店と同時に店に入ろうとして、いつもは先に店に入る明治生まれの祖父が、なぜか祖母に先を譲った。三歩下がって、は大袈裟だが、普段なら決まって先を歩く祖父の行動をいぶかしんだ僕が、その理由を訊いた。祖父が答えて曰く、

「陰陽道を知ってるやろ。あれから来てる話や。モノには皆、陰と陽がある。女は陰で、男は陽。陽は陰より強い。陽が先に入ったら陰は入りにくい。そやから店は、一番客に男が入ってくるのを嫌がるんや。男が一番客になったらアカン。まぁ、こんなことを気にするのは京都だけやろけどな」

何年も前の疑問がようやくここで氷解した。まさかデパートと陰陽道が繋《つな》がっているとは、思いもしなかったが、そう言われて何とはなしに納得してしまうのが、僕も一人前の京都人になった証かと、少しばかり誇らしかった。

だが、この話はこれで終わらない。驚くべき続きがあった。なんとそのデパート自体にも陰と陽があると祖父は言うのだ。太陽が陽、月が陰、十二支の奇数が陽、偶数が陰、という話を披瀝《ひれき》した後、

「『大丸』さんは陽で、『高島屋』はんは陰や。せやから両方の店を一緒に行ったらアカン」

何を根拠にそう言っていたのか、とうに鬼籍に入った祖父に訊く術もないのだが、思い当たるフシはあった。

「『大丸』さんの紙袋を持って『高島屋』はんに入ってはいけない」

そう、親から言われていたのだ。だがきっとそれは、商売仇ともいうべき相手に対する気遣いだろうと思い込んでいたが、まさかそこに陰陽道が絡んでいたとは。

当然ながら陰陽道が政を左右していた平安の頃に、『大丸』も『高島屋』もあるはずもなく、こじつけに違いないのだが、意外なほどに説得力がある。

男が店に一番乗りするのはあさましい。他店の印をこれみよがしに持つのは品がない。それを陰陽道という形を借りて、諫《いさ》めたものなのだろう。これが京都という街なのだから、ひと筋縄でいくわけがない。

話を戻して〈鬼〉と平安京。『宇治拾遺物語』や『今昔物語』に登場する〈百鬼夜行〉が思い浮かぶが、〈鬼〉や妖怪が夜な夜な都大路を徘徊していたというのも、怖いというよりユーモラスな話。そんな怪しの〈鬼〉どもは、〈鬼門〉を怖れていたのかどうか。

〈四神相応〉＋〈鬼門守護〉＝平安京。ともかくも盤石の態勢を整え、見事、京は平安の都

『平安神宮』

となったのだ。

千年の長きにわたって都を護った〈四神相応〉や〈鬼門守護〉は、遠い過去の話ではなく、今も脈々と息づいている。だからこそ、京都に人は魅かれ、ご利益を授かり、リピーターとなる。

たとえば平安京遷都千百年を記念して造営されたのが『平安神宮』。「四方」に加えて、「中央」を護るための社として、桓武天皇を祀《まつ》ったのだ。これは、都が東に移り、中央に「穴」が開いたのを塞《ふさ》ぐ、という目的も持っていたと思われる。千年を超えても、まだ平安京は続いている、その証として『平安神宮』が建ち、京都三大祭の一翼を担う「時代祭」が始まった。

平成の今日、『平安神宮』も「時代祭」も新参とは誰も思わない。まるで平安の昔からあったように、京都観光の重要なスポットであり、イベントだ。

さらには近年、〈四神相応〉の「五社」として、玄武＝『上賀茂《かみがも》神社』、青龍＝『八坂《やさか》神社』、白虎＝『松尾《まつお》大社』、朱雀＝『城南宮《じょうなんぐう》』、中央＝『平安神宮』が定められた。いささかこじつけっぽく感じなくもないが、五つの社は京都を護るにふさわしい風格を持っている。

これら「五社」を巡って朱印を集めるのも霊験《れいげん》あらたかかもしれない。目に見えぬものを怖れ、目に見えぬものを信じ、その力に頼る。霊の存在を信じようと信じまいと、盆入りすると『六道珍皇寺《ろくどうちんのうじ》』へ先祖を迎えに参り、盂蘭盆会《うらぼんえ》、送り火を焚《た》いて先祖の霊を送る。科学的には何ら根拠のない事柄や行事を、何の疑いも持たずに伝承していく。千二百有余年経っても、何ら変わりはないのが、京都の京都たる所以《ゆえん》。

「さすが京都」

旅番組の京都特集、もしくは夕方のニュースのちょっとした情報コーナー。テレビ業界には「困ったときの京都頼み」ということばがあるように、何かにつけ京都の街や店を紹介することが多い。

レポーターがそれを紹介した後、スタジオのキャスターなりコメンテーターが引き継いでひとこと。

「さすが京都ですね」

そう。京都には「さすが」という枕詞《まくらことば》が付きものなのだ。これは僕もよく使うのだが、

『千本釈迦堂』本堂

その意味合いはまったくといっていいほど、違う。

　マスメディアが決め台詞《ぜりふ》として使う場合の「さすが京都」は、千二百年も前の平安京が今でも残っている、として感嘆のことばを述べているのだが、僕の場合は、「さも平安京が残っているかのように装うのが見事だ」と感嘆しているのである。

　先に、平安京が今に息づいていると書いたが、それはあくまで都人の暮らし、もしくは心根の中だけのことであって、実は、洛中のどこを探しても平安京は遺《のこ》されていない。ほとんどすべて焼失してしまったのである。

　前著『おひとり京都の愉しみ』（光文社新書）でも書いたように、旧市街地で残る最古の建築は『千本釈迦堂《せんぼんしゃかどう》』の本堂である。建築は安貞《あんてい》元年。鎌倉幕府が開かれてから三十有余年経って後のこと。その後にも応仁の乱があり、都はほぼ焼きつくされた。したがって平安京は埋もれてしまい、人の目には触れないのだ。

　であるのに、人々の目にはまるでそこに平安京が遺っているかのように見えてしまう。それを僕は「さすが京都」だと故郷を誇りに思うのである。近年ミステリーを手掛けているせいもあって、よくできたトリックだなとも思う。とうに死んでいる人間を、あたかも生きているかのように見せて、観客、読者の目を眩《くら》ませる。客は喜んで騙《だま》されているのだから、何ら問題は生じない。

これはあくまで事実を述べただけで、夢を壊そうなどとは微塵《みじん》も思っていない。勝手に幻想を抱いて、勝手にそれを打ち砕かれたくないから、個人的にたしかめておきたかったのだ。

平成二十二年、平城京遷都千三百年という節目のせいか、奈良と京都をハシゴする観光客が少なくない。僕の通勤の足でもある市営地下鉄烏丸《からすま》線は、奈良と直結していて、それゆえ、奈良観光を終えた旅人の会話をしばしば耳にする。つい先だっても、デイパック姿の中年夫婦と隣り合った。

「いや、奈良は凄《すご》かったね。奈良時代の建築がたくさん遺っているんだもんな」

「そうでしたね。どこに行っても感動しました」

「みんな、京都、京都って騒ぐけど、京都なんか古い建物、何も遺ってないじゃないか」

「奈良とは比べものになりませんね」

ご夫妻が漏らされた感想の通りである。何も間違いはないし、反論の余地もない。古さからいえば、京都は奈良に敵《かな》うはずがないのである。だがしかし、このご夫妻がこれから先、京都にそっぽを向いて、奈良へとシフトするかといえば、決してそうはならないだろうことを僕は確信している。それが京都という街の魅力、魔力なのだ。京都と奈良。しばしば比較対象になるのだが、こと観光という観点に立てば、このふたつの街には決定的な違いがある。簡単にいえば、京都に人は集まるが、奈良には集まりづらいということ。

奈良には申し訳ないのだが、京都は「どうすれば奈良のような衰微《すいび》をみなくてすむか」を念頭に置いて街作りをしてきた。

実物の古さで奈良に敵わない京都は、イメージ作りに専念してきたのである。

屋根の上の神さま

洛中を歩きながら、少し視線を上に遣《や》る。と、そこに飾られた瓦《かわら》細工と目が合う。町家の軒先に飾られた鍾馗《しょうき》さまは、唐の国からやってきた、魔除け、火除けの神さま。京都に古くから伝わる民間信仰は、一軒の家の大屋根に置かれた鬼瓦から始まった。

――ある家の女性が病に臥《ふ》した。その原因はどうやら向かいの家の鬼瓦のよう。困り果てた家人は鬼瓦の撤去を頼んだが、それも叶わず。やむを得ず、鬼に対抗できる鍾馗さまを小屋根に載せたところ、たちまちのうちに病は快癒した――という。そんな謂《いわ》れから始まった鍾馗さまも年々少なくなるものの、西陣、清水界隈《かいわい》の古い町家が軒を連ねる辺りにはいくらでも残っている。

平成が二十二年を数えた今でも、新築マンションの北東の隅には柊《ひいらぎ》や南天《なんてん》、あるいは桃の木が植えられ、その周りには白砂が撒かれる。南天は「難を転じる」に掛けたもので、柊や桃は、鬼や魔物退治に効果があるといわれている。

古い大きな屋敷を取り壊した跡地に建つ、狭小新築住宅もしかり。北東の角を斜めに切ったり、南天の鉢植えを置いたりして、〈鬼門〉を護ろうとしている。京都を訪れて心安らぐ所以である。

鍾馗さま

鬼門除けがあり、四神相応の護りがあり、さらには鍾馗さまも動員する。都人の有り様だけは、平安の昔から、千二百年の長きにわたって途切れることなく続いている。それこそが真の古都、奈良に対抗できる唯一の手段、これがなくならない限り、京都は悠久の古都であり続ける。

水無かりせば京あらず

人はなぜ京都に魅かれるのか。そのもうひとつの答えが「水」。「水」無くして生命は成り立たない。宇宙探索をしていても、月や火星に生命が存在しているかどうかを判定するのに、「水」の存在がある。「水」の痕跡《こんせき》が認められれば、その星に生命体が存在する可能性があるという。

一方で人類は太古から、水不足を深刻な問題として受け留めてきた。日本各地で行われてきた雨乞いの神事がそれを象徴している。人は水が無いと不安になり、心穏やかでなくなる。しかしながら、「水」と「水分」は違う。海に流されて遭難した人が、周りが「水分」だらけなのに飲み水が尽きて命を落とすというケースがそれだ。つまり人類にとって必要なのは、飲める「水」。それさえあれば、心安らかに過ごせる。

多くの旅人は無意識のうちに、京都には潤沢に「水」があることに気付き、それ故、心安らかに京都を旅するのだろう。そう、京都を京都たらしめているもの、それは「水」である。

もしも「水」無かりせば、京に都が置かれることすらなかったかもしれない。

千二百年も前にどうやって知り得たのか謎ではあるが、京に遷都した最大の理由のもうひとつが「水」だといわれている。

無論〈四神相応〉、風水学的な観点があっただろうし、天武天皇系の勢力が強大になり過ぎた大和から脱出したい、という狙いがあったのだろう。しかし、長岡京からわずか十年で平安京へ再度遷都した一番の理由は何か。

門外漢の推論ではあるが、やはりそこには「水」問題が絡んでいたに違いないと思っている。

発掘調査によれば、長岡京の各家々には井戸が掘られ、今でいう下水道らしきものも整備されていた。淀川の合流点もすぐ近くにあり、物流にも便利な場所だったはずだ。にもかかわらず、干ばつや川の氾濫が起こり、それが原因とも思われる疫病までもが大流行した。

それらすべての災厄は「水難」だと推測した桓武天皇は京に都を移した。つまり京の「水」に救いを求めたのだ。

京都は「水」でできている

人体の七割が水分だとはよくいわれることだが、それに倣えば京都の九割は「水」でできているといっても過言ではない。

そのもっとも分かりやすい例を挙げるなら、誰もが憧れる京都の「食」。

近年、京都の有名店（名店かどうかはともかく、有名であることだけは確かな店）が東京に相次いで進出したが、一番難渋したのは「水」だと料理人たちは口を揃える。店の内外観、食材、器等々、すべてを京都の店と同じにしても、料理だけは同じにならない。その理由は「水」。東京の水で料理を作っても京都と同じ味にはできないのだという。

さもありなん、である。京都市の水道水は硬度四二といわれ、それに対して東京のそれは概《おおむ》ね六〇辺りと、数字の上では大きな差は無いように見えるのだが、出汁《だし》を引けば一目瞭然、昆布の旨みが引き出せないのだそうだ。同じ軟水であっても、数字には表れない何かが京都の「水」に含まれている好例だ。

洛中を歩くと、街のそこかしこで「水」に出会う。神社の一角に湧き出る名水を持ち帰ろうと、ペットボトルやポリタンクを持って順番を待つ列ができている。その中には白衣を羽《は》織《お》った料理人らしき姿もよく見掛ける。老舗《しにせ》料亭には敷地内に井戸を持つ店もあるが、多くの料理屋はそれぞれ、料理に使う湧水を決めている。毎朝それを汲んできて、昆布を浸すことから、料理の仕込みを始める。

名店の食べ歩きを始める前に、まずは京都の名水巡りというのも愉しい。

もっともよく知られているのは「京の三名水」、あるいは「都七名水」。数の付いた名物の多くと同じく、これも諸説あり、説によって、何処かが入って何処かが抜ける、というのはよくあること。一般には『染井《そめのい》の名水』、『醒ケ井《さめがい》の名水』、そして『縣井《あがたい》の名水』の三箇所を指すのだが、後のふたつは現存しない。唯一残された『染井の名水』にはいつも長い列ができている。

「染井」の井戸

『京都御所』の北東、秋の萩祭りで有名な『梨木《なしのき》神社』【地図D】の境内にある井戸がそれだ。

柄杓《ひしやく》で掬《すく》い、ひと口含んでみる。年中ひんやりと冷たく、ほんのり甘い、まろやかな水だ。胃の中を洗い流してくれるような清冽な味わい。

神仏と水

「水」には不思議な力が秘められている。その第一は「清め」だ。

京都に数多く点在するお寺や神社。祀られているのは仏さまや神さま、従ってその参拝方法は両者で異なるのだが、両方に共通しているのは「手水舎」の存在だ。

仏域、神域、それらの領域と衆生《しゅじょう》の世界との境には結界が設けられる。お寺では山門、神社なら鳥居だ。そして衆生がそれを潜る前にはまず心身を清めなければならない。そのために使われるのが「水」。

清らかな水で穢《けが》れを祓《はら》ってから、神さまや仏さまにお参りする。

まずは右手で柄杓を持って、水を掬って左手を洗う。次に左手に柄杓を持ち替えて右手を洗う。再度右手に持ち替えて、左手の掌に水を受けて口をすすぐ。最後に左手を洗って清めの儀式を終える。宗派によって多少の差異はあるものの、神さまも仏さまも、概ね清め方は同じである。

ことのほか神仏参りを大切にする都人にとって、ここでもまた「水」の果たす役割は大きい。

話を「三名水」に戻す。現存しているのは『染井の名水』だけと先に書いたが、復刻版を含めるなら『醒ヶ井の名水』もある。

元は源氏の六条堀川邸の井戸を「醒ヶ井」と呼び、村田珠光《じゅこう》、武《たけ》野《の》紹鷗《じょうおう》、織田有楽斎《うらくさい》、さらには千利休と、名だたる茶人が愛用したことで知られた。だが先の大戦後、堀川通を拡張するために惜しくも埋め立てられた。

それを惜しんだ和菓子商『亀屋良長』が平成三年に掘った井戸を同じ「醒ヶ井」【地図C】と名付けた。元あった五条堀川からほど近い四条堀川の東、醒ヶ井通に面している。「醒ヶ井」の井戸を見るにつけ、茶と「水」も切っても切れない関係にあることを実感する。

「醒ヶ井」の井戸

十月までは風炉《ふろ》だ。しゅんしゅんと沸くお湯を、柄杓で抹茶碗に注ぎ入れる。その瞬間、茶室に抹茶の馨《かぐわ》しい香りが漂う。と、一碗の茶を構成するのは、お湯、すなわち「水」と抹茶だ。どんなに厳選された抹茶であっても、「水」悪しければ甘露とはならない。

茶道三千家がすべて京都に家元を置いているのも「水」

と無縁ではない。

　上京区本法寺前町。小川通に面して建つ裏千家『今日庵』には「梅の井」と名付けられた井戸がある。小川通という名が示すように、この界隈にはかつて「小川」が流れていた。紫明通から、今出川通を経て、一条通まで。その流れに沿って、北から裏千家、表千家、少し離れて武者小路千家、と三千家が居並んでいる。

　茶人にとって「水」は命だといわれている。千利休の高弟南坊宗啓《なんぼうそうけい》が利休から授かった茶の湯の心得をまとめた『南方録』には「茶ノ水ハ暁汲タルヲ用フル也」とあり、そのことば通り、裏千家の家元は早暁《そうぎょう》、「梅の井」から水を汲み、湯を沸かして茶を点《た》てる。

　茶につきものの和菓子も「水」が肝心。『亀屋良長』が「醒ケ井」の名水を復活させたのもそれ故のこと。練りきり、きんとん、生菓子には「水」が欠かせない。硬水を使うと砂糖や和三盆糖の甘みがくどくなると和菓子職人は言う。濃茶の前に出される季節の和菓子、そこにも京の「水」が深く関わっている。

千二百年を支えた水の文化

茶、菓子、左党《さとう》にはいささか物足りないだろう。日本酒にも当然ながら「水」が不可欠。灘《なだ》の生一本が男酒なら、伏見《ふしみ》の酒は艶《あで》やかな女酒。名だたる酒蔵は各々、名水の井を持っている。伏見『御香宮神社《ごこうのみや》』境内に湧き出る御香水は「日本名水百選」にも選ばれている。意外なことに、京都府で指定されたのはここだけである。

伏見は、伏水とも書き、文字通り名水の地である。豊臣秀吉が伏見城築城に先立ち宇治川と淀川を直結し、伏見の街に水路を造った。ここも堀川と同じく、「水」が流通に大きな役割を果たしてきた。観光用に運行する「三十石船《さんじっこくぶね》」に今もその名残りを見ることができる。

茶、菓子、酒。京都を代表する「食」は他にもある。豆腐、湯葉、生麩《なまふ》、漬物、そして野菜。どれもが頭に「京」を付ければ京名物になる。これらもすべて京の「水」が無ければ名物たりえなかったはずだ。

たとえば豆腐。洛中にある老舗豆腐店のほとんどすべてが今も地下水を使って豆腐を造っている。十五、六度という通年安定した水温を保ち、かつカルキなどの混ざりものが無い地下水でないと旨い豆腐はできない。だが、ひと口に旨い豆腐といっても、店さまざま、微妙に味が異なる。それにも「水」による差も影響を及ぼしている。京都の地下水にはいくつかの水脈があって、その水系によって微妙に成分が異なり、それが豆腐の味の違いとして表れるのだ。

もしくは野菜。土壌、気候、に加えて「水」によっても作物の味が異なってくると農家は言う。洛北《らくほく》大原と洛南《らくなん》九条とでは「水」が異なり、したがって、同じ品種であっても葱《ねぎ》の味わいはまったく違ってくるのだというから面白い。

そうして収穫された野菜を糠床《ぬかどこ》に漬け込んだ漬物になると一層「水」の違いが味に出る。糠と水に長く漬かるのだから当然といえば当然なのだろうが、漬物にまで「水」が影響しているとは思いもしなかった。

食だけには留まらない。京友禅にも「水」の力が及んでいる。かつては鴨川や堀川で友禅流しが行われていたように、「水」に晒《さら》すことで、その彩りに鮮やかさが増す。あるいは、「蒸す」工程にも地下水は大いに活躍する。色鮮やかな京友禅もまた、「水」によって支えられてきたのだ。

平安京が置かれてから千二百有余年。この間ずっと京都の街は「水」を守り育ててきた。西、北、東、三方の山に囲まれた京都盆地は、それぞれの山から湧き出る水に潤されてきた。さらには京都盆地の地底深くには、琵琶湖の水量に匹敵するほどの巨大な水甕が潜《ひそ》んでいる。「水」には盤石の態勢であると思われていたのに、それでもまだ「水」を求めて琵琶湖に目を付けたというのだから、都人の「水」への執念はただものではない。都が東京に移って意気消沈した都人が、再び息を吹き返した、そのきっかけともなった大事業、琵琶湖疏水《そすい》である。『南禅寺』近辺の日本庭園にも使われ、今ではこの「水」によって京都は成り立っているといえる。

山、地下に加えて琵琶湖。「水」に対する飽くなき想いが今の京都を造り上げてきた。京都は「水」あればこその都なのである。

つらつらと「京」を述べてきたが、それらを踏まえて、では実際に歩いてみよう。夏にふさわしく、「水」の原点を探りながら歩くコース、気分だけでなく、現実に涼しい場所へと辿るコースをまずはご紹介しよう。

一　「水の神さま」歩き――赤山禅院から貴船神社へ

京都の夏は洛北『貴船神社』【地図H】の「貴船祭」で幕を開ける。『貴船神社』が祀るのは水の神さま。水の街、京都はここから始まったといってもいい。

『貴船神社』への入り口は叡山電鉄の『出町柳《でまちやなぎ》』駅。ここはまた、鯖街道《さばかいどう》の終点でもあり、つまりは、洛北と洛中を結ぶ繋ぎ目でもある。

江ノ電にも似た車両は、山肌に沿って里から山へと辿る。『出町柳』駅を出て四つ目の駅が『修学院《しゅがくいん》』。七分ほどの短い乗車時間。ここで途中下車してまず向かうのは『赤山禅院』【地図広域】。比叡山の真下で京都の鬼門を護る天台宗の寺院だ。

『赤山禅院』の神猿

『赤山禅院』

駅から東へ、修学院離宮道を歩くこと十五分。『修学院離宮』の北西隅に石の鳥居が見える。ここでまずひとつの不思議。寺なのに参道に鳥居が建っているのだ。これは『赤山禅院』が赤山明神を祀っているからである。神仏習合の名残りを今に留めている珍しいお寺。

境内には「不動堂」、「地蔵堂」、「福禄寿殿《ふくろくじゅ》」、「稲荷社」、「相生社《あいおいしゃ》」、とバラエティ豊かに神がおわします不思議な寺だが、一番の見どころは、先述した〈鬼門〉を護る猿。正面拝殿の屋根の上に、金網に囲まれた猿が見える。

鈴と御幣《ごへい》を手にした猿は陶器でできていると聞いたが、遠くから見ているとよく分からない。御幣はどうやら金属製のようだ。烏帽子《えぼし》は被《かぶ》っていない。『京都御所』の「猿ヶ辻」や『幸神社《さいのかみしや》』の猿は横顔を見せるが、この『赤山禅院』のそれは正面を向いている。しっかりと御所を見護っているのだろう。

元を辿れば、円仁《えんにん》（慈覚《じかく》大師）が唐に入り、登州の赤山法華院で修行し、帰路遭難しかけたのを赤山明神に救われ、帰国して後、『赤山禅院』の建立を思い立ったのが始まり。だが円仁の思いは果たせず、遺言により、弟子の安慧《あんえ》が仁和四年に赤山明神をこの地に勧請《かんじよう》、比叡山東の『日吉大社』とともに天台の鎮守《ちんじゅ》としたものである。

「福禄寿殿」

福禄寿のおみくじ

一説によると、大文字で知られる「五山の送り火」は、この慈覚大師の遺徳を偲ぶことから始まった行事ともいわれている。また「福禄寿殿」は、「都七福神」のひとつである福禄寿を祀っていて、お正月には、七福神巡りの参拝客でにぎわう。おみくじが福禄寿形をしているのも、なんとはなしに愛らしい。さまざまにご利益の多い寺院である。

　さてその赤山明神は別名を「泰山府君《たいざんふくん》」といい、陰陽道の祖神と伝わっている。この寺に「神猿」が居るのは、単に方角だけでなく、陰陽道自身と深く結び付いているからでもある。そしてもうひとつ。「泰山府君」は閻魔《えんま》大王の役割を果たしていたともいわれる。だとするなら、小野篁《おののたかむら》とも通じていたかもしれない。平安の昔に居た人物は皆、どこかで繋がっているのも面白い。

　都の〈鬼門〉を護る猿をしっかり目に焼き付けたなら、来た道を戻り、再び電車で貴船へと向かう。

『貴船神社』

『修学院』駅の次の駅『宝ヶ池』で、路線はふたつに分かれる。比叡山方向、『八瀬《やせ》比叡山口』へ向かう線路と、『鞍馬《くらま》』へ向かう線路。

『八幡前』、『岩倉』と続き『木野』を通る。この線路沿いには鰻の名店『松乃鰻寮《まつのまんりよう》』【地図広域①】がある。香ばしい匂いが漂ってきそうだが、涙を飲んで素通りする。いくつかの駅を過ぎ越して、終点『鞍馬』のひとつ手前『貴船口』で降りる。道路沿いに歩くこと三十分足らず。ようやく鳥居が見えてくる。山路というほどではないが、周りを緑に囲まれた道は、ひんやりと涼しく、歩くことが苦にならない。夏歩きにはありがたい。

『貴船神社』。読みは〈キフネ〉。濁らないのは「水」ゆえのことであると同時に、「気生根」が語源ともいわれる。「気」が「生」じる「根」っこ、なのだ。が、「貴船」にはもうひとつの語源がある。それは「黄船」。

古く、浪花の津（大阪湾）に、黄色い船に乗った女神が現れ、「吾こそは玉依姫《たまよりひめ》なり、この船の留まるところに社を建て、その神を祀れば、大和の国土を潤し、民には幸を与えん」とのお告げがあって、その船は淀川から鴨川を遡り、水源に船を留め、社殿を建てたと伝わる。つまりは黄色い船から〈きふね〉と名付けられたというもの。どちらの由緒が正しいのか、詮索《せんさく》は無用。重ね合わせれば、霊験あらたか。

境内「奥宮」本殿前には「船形石」と呼ばれる大きな岩があり、たしかにそれは船の形をしている。

女神の乗ってきた船を、人目に付かぬよう、小石で覆

『貴船神社』参道

い隠したと伝わっていて、それを史実とするかのように、本殿の下には水の湧き出る「龍穴」があるという。

どこまでが伝説で、どこからが史実なのか、線引きを曖昧にしているのも京都の奥深さ。洛中との温度差は明らか。数値はともかく、体感的には五度以上低く感じられる。汗がすーっと引いていくのが分かる。どこからともなく、水の女神が現れても不思議ではない、そんな空気を湛《たた》える社である。

ここ『貴船神社』には面白いおみくじがあって、「水占おみくじ」と呼ばれ、水に浮かべると、水の霊力によって文字が浮かび上がるというもの。むろんそこには科学の力が働いているのだが、境内の霊泉に浮かべ、文字が滲《にじ》み出てくると、そんなことは忘れ去ってしまう。

『貴船神社』には、もうひとつ夏にふさわしい話がある。謡曲の演目にもなっている『鐵《かな》輪《わ》』がそれ。『平家物語』の「橋姫伝説」に端を発した「丑の刻参り」。おそろしや呪いの儀式、である。

白装束に身を包み、髪はざんばら、白鉢巻きに鉄の五徳を立て、三本の蝋燭《ろうそく》を付ける。丸鏡を首から提げ、櫛を口に銜《くわ》えた姿など、とても人間とは思えない。前著『おひとり京都の愉しみ』で詳述したように、洛中五条辺りから、洛北のこの社まで通ったというのだから、げに怖ろしきは怨念である。

　ご神木に藁《わら》人形を当て、木槌で五寸釘を打ち付ける。それも丑の刻というのだから、深夜の二時、三時。最短でも七日連続で行わないことには、呪いは掛からない。「結社（中宮）」の大桂《かつら》に括り付けられたたくさんの絵馬を見ていると、汗をかくどころか寒気に襲われ身震いする。

　和泉式部が夫婦の縁結びを祈願したという逸話もここには残されている。その内容を詳しく書くことは憚《はばか》られるが、美談なのか、猥雑《わいざつ》なのか、その判断は分かれるところだろう。いずれ、夫婦和合には霊験あらたかであったことだけは間違いないようだ。

　だが、夫婦が元の鞘《さや》に収まるためには、先に〈縁切り〉が必要だったわけで、その効能もなければ〈縁結び〉にはならない。つまり、多くの〈縁結び〉の神さまと同じく、ここもまた〈縁切り〉祈願に訪れる価値ありということだ。

　絵馬発祥の社ともいわれる『貴船神社』。賀茂川の源流であるとともに、京都霊力の源でもある。〈縁切り〉にも〈縁結び〉に

ご神水と「水占おみくじ」

貴船川の清流

も無縁であっても、涼を求め、霊を求め、夏歩きには格好の神社である。

水無月の初日。六月一日には「貴船祭」が行われる。午前十一時。本宮の前には善男善女が集い、祝詞《のりと》を合図に祭典が始まる。なので、叶うなら、朝十一時までには参集したい。だがこれは夏の始まりであると同時に、春の終わりでもある。『春京都』で詳しくご紹介することにしよう。

夏の貴船を訪ねたなら、川床といきたいところだが、残念なことに、僕の知る範囲ではお奨《すす》めできる店はほとんど無い。料理と価格が釣り合わない気がしてならないからだ。厨房から席までが遠いのか、天麩羅や鮎の塩焼きが冷めていたり、昔の旅館料理のように、一度にずらりと並べられたり、それでいて一万円を超える会席を食べるくらいなら、流しそうめんで川床の雰囲気を味わうだけで充分だろう。

ひとり分、二束の素麺《そうめん》を十数回に分けて流してくれる。ヨシズで囲った小屋から流れてくるのを、箸を構えて待ち受けるのが愉しい。温泉卵が付いて千二百円。桃色の梅素麺が流れてきたらおしまい。夏の昼餉《ひるげ》には最適。店は『ひろ文《ぶん》』【地図H㊹】がいい。

さて、ここまで歩いてきてかなりの時間を要したはず。体力を消耗する夏場は無理をしない、というのが鉄則だが、もし余力があれば、貴船から『鞍馬寺』【地図H】まで足を伸ばしてみたい。

『ひろ文』で流しそうめんを味わって、駅に向かって歩くと、貴船川の「本宮」近くに、小さな朱塗りの橋が架かっていて、これを渡ると、牛若丸が天狗とともに修行を積んだと伝わる山道を経て、『魔王殿』『鞍馬寺』へと続く。「背比べ石」、「本殿金堂」、「多宝塔」、「仁王門」と辿るには小一時間を要する。距離にして二キロ以上、かつ高低差は二百メートルを超える険しい山道。いくら涼しい木陰道とはいえ、油断は禁物。身支度と心づもりを整えてから出掛けたいもの。

ただ、「仁王門」まで辿り着

鞍馬山中の「木の根道」

『魔王殿』

けば、叡山電鉄『鞍馬』駅までは、歩いて一分。市街へ戻るのはうんと楽だ。京の「水」を巡る洛北旅、夏ならではの愉しみである。

二　龍馬ゆかりの地を横に――東山から『二条城』辺り

前項では京の街を南北、縦に歩いたので、本項では、東西、横に蟹歩きしてみよう。世を挙げて龍馬ブームである。平成二十二年、NHKの大河ドラマは『龍馬伝』。キャスティングの妙もあって、日本中が龍馬に沸き返っている。歴史上の人物として、元々その人気が高かったのだから、この盛り上がりはある程度予測できたのだが、現実はそれをはるかに上回った。

雑誌社の依頼で、「龍馬ゆかりの地」である高知を二度、長崎と一緒に取材した。高知は龍馬の生まれ故郷、長崎は飛躍をはかった地、それぞれに特色を生かして、観光客を呼び込むのに心血を注いでいた。

高知、長崎と続き、終焉《しゅうえん》の地となった京都も、これまでにはない熱心さで龍馬と取り組んでいる。さて、どこが一番の集客力を発揮するのか。

龍馬の墓所に詣でる

京都と龍馬。もっともよく知られるのは伏見の地。後に妻となるおりょうの機転で、危うく難を逃れた『寺田屋』を中心として、「龍馬寿し」を擁する『竜馬通り商店街』などもあり、龍馬ファンには一番人気のスポット。多くのガイドブックで紹介されているので、本書では割愛する。龍馬一色というのも、夏歩きにはいささか暑苦しい。

東山を起点にして、龍馬の足跡を横目にしながら、隠れ名所を辿ってみよう。

『霊山《りょうぜん》護国神社』【地図A】からスタートする。いわずとしれた龍馬の墓所。龍馬ファンの墓参は絶えることなく続くが、ここのもうひとつの見どころは眺めである。東山の裾野に建立されているから、京都の市街地が一望のもとに見下ろせる。さすがに如意ヶ嶽、大文字の火床からの眺めには及ばないが、それでも、大方の街並みは見渡せる。龍馬ファンならずとも訪ねてみたい神社だ。

坂本龍馬と中岡慎太郎の墓

龍馬ブームの前、この『霊山護国神社』といえば、都人は観音さまを思い起こすのが常だった。あるいは僕の祖父などは『京都招魂社《しょうこん》』と呼んでいた。

　明治元年、明治天皇の命によって、日本初の官祭招魂社として建立され、幕末の殉難者、さらには第二次大戦の英霊をも祀っている。観音さまは、それらの霊を弔うために建てられたもの。歴史は浅いが想いは深い。

　社を出て西に歩くとすぐ『高台寺』に出る。あまりに知られた寺ゆえ、詳細は省く。近年はライトアップで繁盛していて、商い上手のお寺である。その前にある『圓徳院《えんとくいん》』はマイ守り神であると前著に記した通り、「三面大黒」さまは素通りできない。手を合わせ、北に進み、『八坂神社』へと辿る。ここもまた京都一番の有名神社。多くはガイドブックに記してある。言わずと知れた「祇園祭《ぎおんまつり》」の総本社である。七月、京の街は「祇園さん」一色となる。そのいくつかは次章で述べるとして、先を急ぐ。

　早めにランチタイム。というには少しわけがある。

龍馬の墓近くからの眺め

『鳥新』の親子丼

このコースでランチを摂るなら『鳥新《とりしん》』【地図B⑥】の親子丼がいい。縄手《なわて》通新橋角の石畳には、昼前にもなると、ちらほらと行列ができていく。基本的には十二時開店だが、あまりに行列が長いといくらか早く暖簾《のれん》が上がることもある。テーブルがふたつと八席ほどのカウンター。主人ひとりで一度に作れるのは三人前が限度。たいていは二人分ずつ作る。列の長さにもよるが、表で二十分、店に入って十分。三十分は待たねばならないが、それだけの価値は充分ある。食事のために並ぶことをもっとも苦手とする僕が言うのだから間違いない。

『鳥新』親子丼

硬めに炊かれたご飯の上に、卵でとじた鶏肉が載り、さらに卵の黄身だけが中央に盛られる。黄身をいつ潰《つぶ》すかが気になるところだが、僕は最初から潰して、一気にかっ込む。大切なのは粉山《さん》椒《しょう》。幾分多めに振りかけるのが京都流。竹筒に入った山椒と一味が置かれているが、先に一味を取り、山椒には目もくれないのはきっと観光客。都人とは正反対。辛いもの好きの僕でも、風味が強過ぎる一味は使わない。

上等の卵かけご飯と、親子丼を一緒に食べるような幸せご飯。

『土佐稲荷岬神社』

本業は鶏鍋屋だから、鶏肉の旨さは言うまでもない。ご飯、卵、鶏肉が三位一体となって、舌から喉、胃袋へと、するする滑っていく。添えられた吸物や香物にも抜かりはなく、実に上等な昼ご飯だ。

第三章で紹介するように、龍馬ゆかりと謳《うた》ってもいいのにもかかわらず、それをしない潔さは、たった一杯の丼にも表れる。年々少なくなっていく、良心的な「京」料理店の貴重な一軒といってもいいだろう。龍馬はおろか、京都をも謳わない店。並んでも食べたいところ。

木屋町通に残る足跡

四条大橋まで南下し、鴨川を渡る。先斗町《ぽんとちょう》を越えて、木屋町《きやまち》通を北へと辿れば、そこには龍馬ゆかりの足跡がいくつか残されている。

三筋ほど北に上り、小学校の跡地を越えて西に入る。と小さな祠《ほこら》が見え、ここが『土佐稲荷岬《みさき》神社』【地図B】、土佐藩の鎮守社として建てられたもの。先の小学校前には、土佐藩邸があったという印が石碑と立て札で残されている。脱藩という罪を犯し、その咎《とが》送りとして一週間の謹慎を余儀なくされた龍馬は、土佐藩邸から、飽かずこの社を眺めていたという。

木屋町通に戻り、さらに北へ。六角通の角に建つ石碑は、龍馬の妻となるおりょうが、ここに住んでいたことを知らせている。

さらに北へ、大黒町には、龍馬が暗殺される三日前まで滞在していたとされる『酢屋《すや》』【地図B】がある。当時、材木商を営んでいた店の主人が、その取引先の土佐藩で龍馬と知り合い、意気投合したのだと伝わる。龍馬はここに海援隊の本部を置き、投宿していたことを乙女姉さんに手紙で知らせている。

『酢屋』

店の二階には当時の様子が再現され、公開もされている。

なぜ木屋町通に、龍馬ゆかりの地が集まっているかというと、高瀬川が伏見へと繋がる重要な水路だったからである。

木屋町通から三条通へ出て西へと歩く。幕末騒動の舞台『池田屋』の跡は若い人向けの居酒屋になっている。それを横目に河原町通へ、アーケードの付いた三条通を西へと進む。取り立てて見るべきものもないのだが、陽射しを受けないので、その分いくらか暑さは和らぐ。

アーケードが途切れた後も、三条通に人波は絶えない。近年この界隈は若い人向けのファッションストアが増えたせいで、烏丸通まで人が流れていく。

烏丸三条から北へ歩くと、烏丸御池《おいけ》の交差点に出る。


『二条屋敷跡』


かつて、この地にかくかくしかじかの施設があった……、その名残りをつぶさに見られるものもあれば、かけらも残っていないところもある。だがそれは、地上だけのこと。発掘調査すれば、ちゃんとその遺構《いこう》は遺されていて、往時の様子をまざまざと見せつけてくれる。

烏丸御池近くにあって、広大な屋敷を擁していた『二条屋敷』などはその代表である。

場所は『京都御所』の南西方向、烏丸御池を北に上り、西に少し入った辺り。二条殿町《にじょうでんちょう》という地名にその名残りが見て取れ、御池之町《おいけのちょう》、龍池町《たついけちょう》にまで広がっていたといわれている。

元は陽明門院《ようめいもんいん》の御所。後に藤原家の邸宅を経て、後鳥羽院の仙洞御所となった。その後、紆余曲折を経て、二条家代々の邸宅となった。栄華を誇っただろうことは、『洛中洛外図』

を見れば一目瞭然。屋敷と南側の庭園がはっきりと描かれている。

この屋敷に目を付けたのが、かの織田信長。何しろ信長は、鳴かぬなら殺してしまえと謳うほどのせっかちな侍。二条家を追い出して、この『二条屋敷』を自らの京屋敷としたと伝わっている。ではあるが、別の説では、二条家には代替地を用意し、丁重に扱ったともいわれているから、歴史は両面を見てみないと分からない。

いずれにせよ、ここを京の宿とした信長は、庭の池を眺めながら入浴できるサウナ風呂を作っていたことが、つい最近の発掘調査で明らかになった。

床にすのこを敷いた小屋と、身体を洗うためのかまどと、今の日本旅館も真っ青の立派な風呂。ここで信長は自ら湯浴みを愉しみ、客をもてなしたのだろう。

五百年近く前も、今と変わらず、日本人は自然と一体になって湯浴みすることに、何よりの贅を感じていたのだ。

ビルの谷間に立って、往時を思い浮かべるのも、京都ならではの街歩き。

『御金神社』から『二条城』へ

『二条屋敷』の跡地から西へと辿る。両替町《りょうがえまち》、衣棚《ころものたな》、釜座《かまんざ》など、往時の生業を表す通り名

『御金神社』

ご神木の銀杏

が興味深い。西洞《にしのとう》院《いん》通まで来たら北へ折れる。と、その左側に、朱色ならぬ、金色に輝く鳥居が見えてくる。これが『御金神社』【地図C】。「お金」と読みたいところだが、「みかね」と読む。

大方の期待を裏切って、この社が本来崇めているのは「お金」ではなく「金属」。ではあるのだが、そこはそれ、最近では「お金の神さま」としても崇められている。金融マンをはじめ、宝くじ祈願や、果てはギャンブラーまで、金運を授かりたいという参拝客が引きも切らない。さてそのご利益あるやなしや、と思い、境内の奥を見上げると、そこには銀杏《いちょう》の大木が聳《そび》えている。ご神木である。

この木の枝振りをよく見てほしい。ところどころ、龍のように見えないだろうか。真冬の裸木ならもっと見やすいのだが、たしかに天に昇る龍に見える枝がいくつかある。龍神、龍馬、いずれにしても縁起物。きっと金運も授かるに違いない。

ご神木に由来する銀杏形の絵馬も面白く、境内で無人販売されている黄金の財布も愉しい。小さな祠にいくつも見どころがある神社は、夏の京歩きに最適。

社を出て北へ、押小路《おしこうじ》通を西に歩くとすぐに『二条城』が見えてくる。最近の僕のお気に入り『京都全日空ホテル』の前には小さな掘割があり、堀川通の名の由来が小さな清流となって復活したのは嬉しい限りだ。

御池通から『一条戻橋《いちじょうもどりばし》』辺りまで、小さなせせらぎに沿って歩ける散歩道が近年整備された。堀川通の車道から一階分ほど低くなっているので、車を気にせずに散策できる。ところどころにベンチが置かれ、いくつかの橋を潜る変化も併《あわ》せて、これから人気の散歩道になりそうだ。現在、車を気にすることなく、自然の移ろいを感じながら歩ける京の散歩道、私的ベストスリーは、『賀茂川』、『京都御苑』、『哲学の道』なのだが、樹木の整備次第では、その一角に食い込みそうな予感。『一条戻橋』辺りまでの往復ならおよそ三キロ。四十分ほどで歩けるだろう。

『二条城』近くの散歩道

『一条戻橋』といえば、千利休の首が晒された橋。すぐ近くの『晴明神社』をはじめ、いくつものスポットがあるので、ここはまた季を改めて。

ちなみに、『京都全日空ホテル』前辺りには、『二条城』築城当時の古い石垣が使われている。

京都に十七ある世界遺産はほぼすべてが古社寺だが、唯一この『二条城』だけは別。時代の一大転換、大政奉還が行われた場所として広く知られている。

城とはいえ、その面影は薄く、寛延《かんえん》期の落雷で五層の天守が焼失し、天明の大火で本丸殿舎と櫓《やぐら》を失った。二の丸御殿や庭園など、見どころも多いが、ここもまたガイドブックに詳細が記されているので、多くは書かない。

『神泉苑』の回転する祠

御池通に沿って西へ、道路が二車線になって間もなく、玉垣が見えてくる。ここが『神泉《しんせん》苑《えん》』【地図C】。石の鳥居や、池に架かる朱塗りの橋を見て、神社と見まがうだろうが、ここは、御池通の名の由縁とも伝わる、歴とした真言宗の寺院だ。

平安京の南東に位置し、かつては規模の大きな禁苑《きんえん》だったところ。禁苑は、禁園とも書き、すなわち皇居の庭園を指す。一般には立ち入りを禁じられたここには、今の境内をはるかに超える広さの池があり、常に清らかな泉が湧き出ていたことから『神泉苑』と名付けられた。本堂に祀られているのは聖観世音菩薩だが、その横の灯籠《とうろう》には弘法大師の名が刻まれている。『神泉苑』と弘法大師、その関わりは雨乞いの儀式に由来する。

平安初期、天長《てんちょう》干ばつに際し、雨乞いコンテストが行われた。戦ったのは『東寺』代表の弘法大師と『西寺』代表の守敏僧都《しゅびんそうず》。弘法大師空海が池に「善女竜王」を勧請し祈りを捧げるとたちまちのうちに慈雨が降り、守敏に勝利した。これが元となって『西寺』が廃れたとも伝わる。この話には続きがあるのだが、それはまた季を改めて。

『神泉苑』

「恵方社」

それはともかく『神泉苑』。空海によって霊力を確かめられ、早良《さわら》親王の霊を慰める御霊会が行われ、その後貞観《じょうがん》十一年の疫病流行時には『祇園社（八坂神社）』の御霊会が開かれている。この際に行列を組んだのが、日本の国の数にあたる六十六基の鉾《ほこ》。これが今の祇園祭の嚆矢《こうし》とされているか

『更科』の蕎麦

ら、由緒正しき寺なのである。

　この寺で源義経と静《しずか》御前が出会ったことから、縁結びに霊験あらたかといわれ、いくつかの逸話が残っている。そしてもうひとつ。この寺には日本でただひとつという、珍しい祠がある。それが「恵方社」。歳徳神を祀り、それゆえ、毎年この祠は恵方を向くのだ。つまりは回転式祠。

　毎年の大晦日。午後十一時を期して、翌年の恵方に祠の正面が向けられる。年によって祠の向きが変わるというのは、全国でここだけだそうだ。

　『神泉苑』を出て、御池通の向かいに渡る。コーヒーショップの角を南に下ると大宮通。このコースのゴールを目指す。

　歩き疲れて小腹が減ったなら、格好の蕎麦屋がある。店先に下がる赤い提灯《ちょうちん》に『更科《さらしな》』【地図C㉖】とあるのがその目印だ。

　夏場ならあっさりと、ざる蕎麦がいい。麺類全般、丼も旨く、京都らしく風味豊かな出汁の味が際立つ。目立つ場所でも、高名轟《とどろ》く有名店でもないが、いつも客でにぎわっている。

おそらくはどのガイドブックにも登場していないだろう店。本当に旨いのはこういうところなのであって、ガイドブックの常連店でわざわざ長い列に付いて、急かされながら食べるよりよほどいい。覚えておくときっと重宝する。

店を出て南へ。途中、西側の家の小屋根に不思議な木像を見つける。

京の町中のあちこちで見かける鍾馗さまと同じ役割を果たしているのだろう、二匹の邪鬼が懸命に家を護っているように見える。元は薬局だというから、看板も兼ねていたのだろう。可笑しみを誘う不思議なオブジェを見上げてしばらく歩くと、アーケードの架かる三条通に出る。そう、ここも三条通。寺町通で途切れたアーケードが、堀川通から復活しているのだ。

屋根の上の邪鬼（?）

千本通まで続く長い商店街には、何軒ものさまざまな業種の商店が並び、昔ながらの商いを続けている。川魚、野菜、菓子、どれもが馴染み客の舌を喜ばせてきた。観光客の方ばかりを向いている昨今の錦市場よりも、こういう商店街にこそ、京の本物が潜んでいる。土産を物色しながら東西に歩くのも一興だ。

『武信稲荷神社』

『武信稲荷神社』の大榎

三条通と大宮通の角を西へ、『西友』の前を通り越して、次の道を南に下ると、右手に朱の鳥居が見えてくる。ここが今回のコースのゴール『武信稲荷《たけのぶいなり》神社』【地図C】。龍馬ゆかりの神社である。

稲荷神社らしく、朱の鳥居の両脇には阿吽《あうん》の狛犬ならぬ、白狐が控えている。何より目立つのは、樹齢八百五十年ともいわれる大榎《えのき》の木。この神社が龍馬ゆかりと伝わるのはこの大木に由縁がある。

この神社のすぐ南側に当時、幕府直轄《ちょっかつ》の六角獄舎《ろっかくごくしゃ》という牢獄があり、そこには勤王の志士がたくさん収容されていた。その中に龍馬の妻おりょうの父である楢崎将作《ならさきしょうさく》も勤王家の掛かり付け医だったために入れられていた。おりょうと龍馬は何度か訪れるが、当時は女性が牢獄へ面会などできようはずもなく、龍馬自身も狙われる身であり面会はかなわない。そこで一計を案じた龍馬は、おりょうとともにこの木に登って、上から様子を探ったと伝わっている。

さてこれが史実かどうかは知る由《よし》もない。だが高知生まれの龍馬、山深く、脱藩の道を走りぬけたことを思えば、木登りなどなんのことはないだろう。大木を見上げていると、高知弁が聞こえてきそうだ。

　この大榎にまつわる話には続きがある。

　命を狙われている龍馬はおりょうと離れ、身を隠す。おりょうは龍馬の身を案じ、近辺を探し回るがなかなか出会うことができない。

　そんなある日、二人で何度も訪れた『武信稲荷神社』の榎を思い出し、ふと訪れてみた。そして大木を見上げたおりょうは、驚きの声を上げた。なんとそこには龍馬からおりょうへ伝えるように、大榎の中ほどの幹に「龍」の一字が刻んであったという。

　こんな素敵なエピソードが残されているのに、この『武信稲荷神社』は龍馬ガイドブックには滅多に登場しない。なぜかと考えてすぐに思い当たった。それらが足で探し歩いて作られた本ではないからである。

境内に立つ大榎

　数多く出版されている京都本、他誌の「パクリ」が目に余る、と僕は繰り返し書いてきたが、こと龍馬本でも同じ愚を犯しているのだろう。僕はこの神社を、お気に入りの

『京都全日空ホテル』滞在中、朝の散歩で偶然見つけた。歩いて見つける。だからこそ愉しいのだ。人が百人、道を歩けば、気になるもの、目に付くものは百人百様、皆異なるはずである。歩かずに、他誌を寄せ集め、ネットで検索するから同じ作りになる。同じ名所、同じ店を紹介する。個性なき京都本は数知れず。

本章で紹介したふたつのコース。歩いてみて、僕とは違う見どころを見つけていただけたなら、紹介した甲斐がある。著者冥利《みようり》に尽きる。

本書はいうならば白地図。これを元に、色を塗り、書き加えて頂けたら幸いである。

第二章　夏のひなみ　つきなみ

一　夏の走り（半ばからの水無月）

月並みな表現、といえば、平凡でありきたりな表現であることを指す。つまり月並みということばは概して、凡庸なつまらないもの、という意味合いで使われるのだが、本来、月並みとは、毎月決まって行われることをいい、ある意味で、とても大切なことを指すのでもある。と同時に、日並み、ということばもある。毎日決まって行うこと。

たとえば、家庭でなら、毎朝仏壇にお線香を上げて、ご先祖さまにご挨拶すること。これなどは大事な日並みである。

そこで京都。京都には季節季節に大切な行事があり、それをして、日並み月並みとして表してみよう。

京都、そこは言うまでもなく観光都市だ。故に、観光客を愉しませるための店や施設が数多く存在する。だがそこに本物の京都を見かけることは少ない。誇張し、化粧を施した「京」はあまりにも「京」が過ぎる。観光客向けに厚化粧したところではなく、素顔の店や食にこそ、本物の京都が潜んでいる。

普段着の京都、それを垣間見せるのが、梅雨のさなか。ひととき観光客の姿が途絶えたわずかな間。『京都御苑』、『鴨川』、京都人の憩《いこ》いの場所は、京都観光に欠かせないところでもあるのだが、そこには多くの都人が普段の表情を見せている。

カメラを構える観光客に、犬を散歩させながら京都人は言う。

「シャッター押したげよか？」

我が町京都に憧れて訪ねてくれたことを喜んでいる、それがほんまもんの京都人の姿なのだ。〝一見さんお断り〟〝京のぶぶ漬け〟そんな神話によって植え付けられた排他的なイメージは、トップシーズンに押し寄せる観光客に対するバリヤでもある。少しばかり季節を外せば、普段着の京都を垣間見ることができ、きっとそれによって、先のイメージは払拭されるに違いない。

雨の京都。もしも出会えたなら神に感謝しなければならない。それほどに雨に濡れた都大路は、しっとりと情緒を湛え、青空の下では決して見せることのない艶やかな姿を晒すのである。

近年やたら目に付く京都の媚態《びたい》に辟易《へきえき》している向きに、ぜひともお奨めしたいのがこの季節。夏の走り、雨の水無月だ。さすがにこの時期だけはあきらめているのか、官民共に、さしたるイヴェント、キャンペーンを用意していない。心静かにマイペースで京都を堪能できる。

夏の花

夏の走りにこそ訪ねたいところ。そして見ておきたいこと。京の夏支度。

『三室戸寺』の紫陽花

夏の走り、実感ではかるなら概ね六月の半ば辺りからだろう。六月の始め頃はまだ春の続き。暦の上での入梅は六月の十日過ぎ。しかし実際にはこの頃は梅雨真っ盛り。しっとりと雨粒を含んだ緑が目に鮮やかな候。

この時期の花は紫陽花《あじさい》。

早咲きなら、紫陽花寺の異名をとる『三室戸寺《みむろとじ》』【地図Ｉ】、あるいは『藤森《ふじのもり》神社』【地図広域】。いずれも洛南に位置し、洛中からは少し外れるが、京阪電鉄やＪＲを使えば、両方巡ることは容易《たやす》い。雨のそぼ降る日に、源氏を思い浮かべながら歩くのも一興。

洛北鷹ケ峰《たかがみね》の『常照寺《じょうしょうじ》』【地図広域】、嵯峨《さが》の『二尊院《にそんいん》』【地図Ｊ】なら六月半ばから七月に入っても花を愉しめる。京都と紫陽花、意外に似合う。

傘日和には和傘を

傘を持たなくなって久しい。雨の中を歩くことが少なくなったせいもあるが、街の作りが傘を要らなくしている。

京都の僕の家は地下鉄の駅から歩いて二、三分の距離にある。たとえば東京へ出向こうとして、地下鉄から新幹線に乗り継ぐのだから、家から駅まで以外は雨に濡れない。よほどひどい降りでなければ、傘を持たずに出掛ける。小雨の中を小走りで駅に向かう。都内での移動も、たいていは傘要らずの場所ばかりだからである。困ったときはコンビニで安傘を買えばいい、どうせ忘れ傘と化すに決まっている。

『日吉屋』

だがしかし、もしも僕が旅人となって、雨の京都を歩くなら、ビニール傘ではなく、上等の傘を携えたい。骨の曲がった透明のビニール傘ではあまりに寂しい。

寺之内通と小川通が交わる辺り、表、裏の両千家が居並ぶ界隈に『日吉屋《ひよしや》』【地図E㉟】という和傘屋がある。和紙と竹、漆や

『本法寺』

『水火天満宮』

真田紐《さなだひも》を使って作られた京和傘を持って、雨の洛中を歩けば、雨もまた愉しからずや、となること必定。

着物を着る機会も少なく、わざわざ和傘も、と躊躇《ためら》う向きに格好の傘がある。それが和風洋傘とでも呼ぶべきもの。

骨の数が洋傘の倍にあたる十六本、地模様の入ったジャガード織の生地も品よくまとめられ、それでいて価格は八千円とリーズナブル。紺と赤、カップルでペアにすればいい。ひとり持ちなら黒かベージュ。愛着を持てば、忘れ傘になることもなく、いずれ長く使える。

買い求めて早速、小川通をそぞろ歩いてみる。気分はもう京都の茶人。千家ゆかりの『本法寺《ほんぼうじ》』【地図E】の境内を散策し、菅原道真の不思議が残る『水火《すいか》天満宮』【地図E】の鳥居を潜るには、しとしとと降る雨、上等の傘が嬉しい。どちらも滅多に観光客の姿を見ることがない。夏の走りにふさわしい静寂を愉しめる。

かの利休も言ったではないか。「降らずとも傘の用意を」。〈利休七則〉のひとつを体感する京都は夏の走り。

「祇園放生会」

祇園『巽橋《たつみばし》』。おそらくは京都でもっとも京都らしい場所ではないだろうか。二時間サスペンスや、旅番組の京都。この橋が映らないことは先《ま》ず以《も》ってない。舞妓、芸妓姿をよく見掛けるところでもある。この地にもっとも縁遠い存在は修行僧だろうか。

だがこの艶やかな橋で、比叡山の阿《あ》闍《じゃ》梨《り》師と舞妓が並び立つ姿を、一年に一度だけ観ることができる。それが「祇園放生会《ほうじょうえ》」。

放生会とは、殺生を戒《いまし》める宗教行事で、日本各地で行われ、その季節はさまざまだが、京都祇園では、六月の半ば、白川の流れに鯉《こい》の稚魚を放流する。この時期は梅雨の最中なのだが、不思議と雨が降らず、たいていは夏の陽射しが降り注ぐなか、有難くも微笑ましい阿闍梨さまの姿を拝むことができる。

新聞、テレビ、地元では必ずこの行事は報道され、これを見て、都人は夏近しを感じ取るのである。

このとき、阿闍梨さまが被っておられる網代笠に注目したい。

これが今や、代表的な京土産として大人気の「阿闍梨餅」のモティーフであることは、存外知られていない。ただ売れているからと、人気だからと列を作って買い求めるのではなく、その「はじまり」に思いを致すことが何より

祇園『巽橋』

大切なこと。もちもちとした食感、あっさりした甘み。京都一の人気菓子には、厳しい修行を乗り越えた阿闍梨さまの労苦を思い、その功徳にあやかりたいという願いが込められているのだ。それを知れば京都旅が一層味わい深くなることだろう。

阿闍梨さまの頭に注目したなら、今度は舞妓さんの簪《かんざし》をよく見てみよう。〈やなぎ〉の簪を挿しているはずだ。舞妓さんの簪は季節ごと、正確にいえば月ごとに換わる。六月は〈やなぎ〉、七月は〈うちわ〉、八月は〈あさがお〉〈すすきはなび〉といった具合。但し、祇園祭の間だけは、姉舞妓に限り、〈お祭り〉と呼ばれるものを挿すのが通例。ニセ舞妓もここまでは真似できまい。

舞妓に変身する商いがはびこり始めて久しい。アキバ辺りでコスプレを愉しむのは勝手だ

が、祇園界隈での舞妓コスプレは噴飯ものだ。普段着の着物すら着たことのない女性が、いきなり舞妓姿になって、こっぽりで歩けるわけがない。歩き疲れて道端に座り込む醜悪な姿にカメラのレンズを向ける物好きも少なくない。目立ちたくて舞妓コスプレをしているのだから、素人カメラマンに対して、彼女らは喜んでポーズを取る。これが当然のようになってしまって、ついに素人カメラマンは、本物の舞妓さんにもポーズを取るよう要求する。

このことが先日の新聞で大きく報道されていた。舞妓さんの襟首を掴んで顔を向けさせる。顎を持ち上げて接写する、そんな蛮行が跡を絶たないのだと記してあった。時には恐怖すら感じると、舞妓さんの感想があった。

このことの責任の一端はコスプレ舞妓にある、記事にはなかったが僕はそう思う。舞妓、芸妓は伝統を守る、京都の大切な生業なのである。舞妓姿になりたければ、ちゃんと修業を積んで、正しい立ち居振る舞いを身に着けてからにしてほしいものだ。

阿闍梨さまは修行、舞妓さんは修業。積み重ねてきたからこそ、「放生会」で並び立つのである。

「水路閣」

上から見た「水路閣」

『南禅寺』の「水路閣」

洛東の名刹『清水寺』から『銀閣寺』へ。なだらかな東山の山裾に沿って、京都を代表する観光コースだが、ここはまた、多くの京都人が愛する散策路でもある。取り分け、『哲学の道』が始まる『南禅寺』から北は、疏水の流れに沿って静かな散歩道が続く。途上、この時期にはぜひとも立ち寄りたいのが『南禅寺』【地図A】。かの石川五《ご》右衛門《えもん》が絶賛したという都の絶景は必見。都人の暮らし振りを見下ろせる。

雨に打たれた『三門』は艶やかなまでに美しい。『三門』を見上げた後は「水路閣」へ。

レンガ造りのアーチが美しいそれは、琵琶湖疏水の大事な水路。天井川のごとく、東から西へ水が流れている。

レンガ造りの水路、見上げることはあっても、その果たす役割を間近に見ることは少ない。

上を流れる水路、夏にはぜひその流れを確かめておきたい。東から西への流れに雨が落ちれば、なお一層美しい眺めとなる。

ここから少し西に、インクラインまで足を伸ばすと、通称『ねじりマンボ』というレンガのトンネルがあって、その上に陶器の銘板が嵌め込まれている。これはかつてこの地で焼かれていた粟田焼《あわたやき》。時代とともに消え去ったが、ここにその名残りを留めている。刻まれる「雄観奇想」の四文字に込められただろう思いは深い。雨は古きを思い起こさせてくれる。

夏越の祓・茅の輪くぐり

六月の末日。一年の折り返し点ともなるこの日、京都の多くの神社では「夏越《なごし》の祓《はらえ》」が行われる。半年間の罪や穢れを祓い、残り半年の無病息災を願う。

境内に設《しつら》えられた「茅の輪《ちわ》」を潜るのが習わし。〈水無月の夏越の祓いをする人は、千歳の命のぶというなり〉などと念仏を唱え、決められた方法で潜り周るのだが、ことばで説明するのは難しい。「茅の輪」の傍には必ず潜り方が記してあるので、それに倣うのがいい。

洛中の主な神社なら、たいていこの行事が行われる。お参りを済ませたら、和菓子屋へ出向き、「水無月」を買って食べるのが都人。外郎《ういろう》地を氷に見立て、厄除けの小豆を載せた三角形の素朴な菓子はこの日に食べる。

余談になるが京都一の名旅館『俵屋《たわらや》』の玄関先にも、この時期は「茅の輪」が設えられる。京の夏の風物詩はしかし、重要な行事でもあり、それを宿に設える辺りが、さすがの名旅館。真っ赤な野点傘やテープが奏でる琴の音、舞妓うちわと風鈴で「京の夏」を表す宿とは、ひと味も、ふた味も違うのである。

「水無月」

蛍川

ずいぶん少なくなったとはいえ、京の街中のあちこちに「蛍川」がある。蛍の灯りはラブコール。縁を結ぶ相手に対するアピールだ。ひと夏の恋。そんなことばが浮かぶ。洛北『上賀茂神社』なら「ならの小川」や「御物忌川《みものいみ》」で蛍が飛び交う。あるいは下鴨の疏水べり。府立大学近くの流れにはかなりの数の蛍が飛ぶ。『下鴨神社』の「泉川」、『哲学の道』、鴨川の支流ともいえる「みそぎ川」など。洛中の小さな流れで蛍狩りを愉しめる。窓辺を蛍が埋め尽くす「蛍窓」とまではいかないが、「蛍川」なら市内にいくつも流れる。

ふわりふわりと水面を飛び交い、光を放つのは雄《おす》蛍。葉っぱの上で光りながら雄を誘うのは雌《めす》蛍。夏の訪れを告げる灯りは、京の街を仄《ほの》かに照らす。人工的なライトアップでは、こんな情緒は決して醸し出すことはできない。

二　夏の盛り（文月）

「ならの小川」

祇園さん

この月の花といえば桔梗《ききょう》。淡い紫は夏の暑さを和らげてくれるようだ。紫式部ゆかりの『廬山寺《ろざんじ》』【地図D】、芭蕉、蕪村など俳諧《はいかい》と縁の深い寺『金福寺《こんぷくじ》』【地図広域】などが桔梗の寺として知られている。

この月、京都を一色に染め上げるのは祇園祭。「祇園さん」である。

「祇園さん」。多くの京都人は、親しみを込めて、祇園祭をそう呼んでいる。

『廬山寺』の桔梗

梅雨のさなか、六月も終わろうかという頃。

「もう祇園さんどすなぁ」

「そうどすなぁ。また暑なりますにゃろなぁ。祇園さんになったら、すぐ夏どっさかいなぁ」

「祇園祭」。一般には、七月十七日の「山鉾《やまほこ》巡行」、その前日の「宵山《よいやま》」辺りの数日間の祭礼だと思われているが、実際には、七月一日の「吉符《きっぷ》入《い》り」から始まり、二日の「くじ取り式」、十日の「鉾建て」と続き、十七日の本番を経て、三十一日、「夏越祭」で最後を締めくくるまで、まるまる一ヶ月も続く祭礼である。

七月、京都の街は「祇園さん」一色となる。普段は夜の街のイメージが強い祇園だが、この時期だけは昼夜を問わずにぎわいを見せ、祇園を歩く人々の表情にも熱気を帯びた昂揚感が漂う。

盆地ゆえの蒸し暑さから逃れることの叶わぬ京都。ならばいっそのこと、「熱」に飛び込むのも、夏の京都旅ならではの愉しみ。祇園を歩き、「祇園さん」に触れ、「祇園さん」を味わい、京都の町衆の熱気を肌に纏《まと》い、時には「暑中涼」に憩《いこ》う。七月の京都旅はそうありたいもの。

貞観《じようがん》十一年、都に蔓延《まんえん》していた厄病を退散させようと祈願した「祇園御霊会」を起源とする祭礼は、千百年もの長い歴史を重ね、都人の心に幾重にも及ぶ深い襞《ひだ》を織り込んでいる。鉦、太鼓、祇園囃《ばや》子《し》が響き、白地に赤、艶やかな舞妓うちわが店先を飾る。京都の町は「祇園さん」で夏を極める。

一ケ月にも及ぶ祇園祭。

□吉符入り（一～五日）

祇園祭の安全を祈願する儀式。

□長刀鉾《なぎなたほこ》町のお千度（一日）

長刀鉾町の稚児《ちご》が八坂神社に参拝し、神事の安全祈願をする。

□くじ取り式（二日）

京都市役所で山鉾巡行の順番を決める。

□山鉾町社参（同）
くじ取り式の後の八坂神社への参拝。
□鉾建て・山建て（十〜十四日）
鉾や山が各町内で組み立てられる。これを機に、都人の祇園さん気分は一層盛り上がる。
□お迎提灯（十日）
神輿《みこし》を迎えるための提灯行列が、八坂神社から寺町通までを回る。

「鉾建て」

□神輿洗（同）
松明をつけて四条大橋まで神輿が進む。
□稚児社参（十三日）
長刀鉾の稚児が馬に乗り、八坂神社を参詣する。
□宵々山から宵山（十五、十六日）
山鉾に駒形提灯が吊られ、夕方には火が灯り、祇園囃子が響く。浴衣姿の見物客が、歩行者天国となった四条通界隈を埋め尽くす。

□山鉾巡行（十七日）
長刀鉾を先頭に四条烏丸に集まった後、四条通を東へ、河原町通に入り、御池通から新町通へと辿る。見どころは各曲がり角で行われる「辻廻し」。カーブを切れない山鉾を、青竹の上を滑らせて直角に車輪を曲げるのは圧巻。

□神幸祭《しんこうさい》（同）
夕刻、八坂神社三基の神輿が氏子区内を巡行し、四条御旅所に着輿し、その後二十四日までここに留まる。

□花傘巡行・還幸祭《かんこうさい》（二十四日）
旅していた神輿が八坂神社に戻る。

□神輿洗（二十八日）
四条大橋で神輿を清めた後、元に納める。

□夏越祭（三十一日）
八坂神社内の疫神社《えきじんじゃ》で、「祭神蘇民将来《そみんしょうらい》の護符を奉持する者は疾病より免れしめる」という故事により、鳥居に茅の輪を設ける。

「山鉾巡行」

ざっとこんな具合である。が、これは大まかな流れであり、この間にも「献茶式」や「狂言奉納」など、さまざまな行事が続く。宵山と山鉾巡行だけが祇園祭と捉えるのは観光客だけであり、都人にとって、祇園祭は一ヶ月にもわたる長い祭なのである。

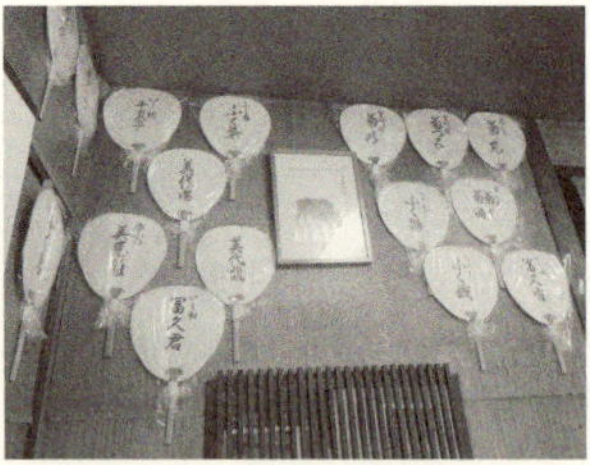
舞妓さんの名入りうちわ

舞妓さんの名入りうちわ

何も祇園に限ったことではないが、割烹や料亭、花街に近い料理屋の店先に、舞妓や芸妓の名が入ったうちわが飾られている。

「京丸うちわ」と呼ばれるそれは、六月の半ば頃から、名刺代わりにと、舞妓や芸妓が世話になっているお茶屋や料理屋に配ってまわるもの。白地に赤で書かれた名は、見るだに艶《つや》っぽい。裏には家紋が入り、七月になれば、贔屓《ひいき》客にも配られる。そっと扇げば、風とともに、白粉《おしろい》の香りがほんのりと、は気のせいか。基本的に市販はしておらず、入手は難しいが、宿や料理店によってはプレゼントしてくれるところもある。

祇園祭の「粽」

京都の町、多く民家や商店の軒先に「粽《ちまき》」が掲げられている。かつては巡行の際に、山鉾から投げられた粽を持ち帰り、厄除けの徴として玄関に飾ったが、今は危険防止のために粽投げは無く、各山鉾町の会所で売られている。

古く、『八坂神社』の祭神である「牛頭天王」、すなわちスサノオノミコトが、一夜の宿を求めた。裕福な「巨旦《こたん》」はこれを断ったが、貧しい「蘇民将来」は手厚くもてなした。これにいたく感動したスサノオノミコトはやがて行疫神《ぎょうやくじん》となり、巨旦の国は一気に滅ぼしたが、蘇民将来には、子子孫孫の代まで害は与えないと約束した。その際、厄除けの印として、粽を飾ることを教えたと伝わっている。民家の軒先に飾られた粽に、「蘇民将来の子孫也」と書かれている所以である。

求めれば山鉾に乗せてくれるところもある上に、持ち帰って軒先に飾れば、厄除けにもなる。夏の京土産に最適。

軒下の粽

暁天講座

暑さがピークとなる、七月の終わり頃から、八月の始め、盆入り前まで、京都市内のあちこちの寺では暁天講座《ぎょうてんこうざ》が開かれる。

暁天、読んで字のごとく、明け方の夏空を見上げながら家を出て、寺の山門を潜る。最近ではエアコンの効いた部屋で、ということもあるが、多くは戸を開け放した本堂に集い、住職の法話を聴く。

緑陰《りょくいん》講座、晨朝《じんじょう》講座などと呼び名が異なることもあるが、多くは暁天講座と名付けている。晨朝とは、卯の刻をいい、今の六時頃のこと。

もっともよく知られるのは『知恩院』【地図A】。七月二十七日から三十一日までの五日間、法話に限らず、各界の著名人を招き、公開講座を開いている。

広々とした国宝『御影堂』の座敷に座り込んで、ほぼ一時間近く、ありがたい話を聴く。エアコンに慣れ切った身体、最初はじわりと汗を滲ませるが、しばらくすると境内から吹き渡ってくる風に「涼」を感じ始める。これもまた暁天講座ならではの余禄。

人間の感覚というのは不思議なもので、あっという間に慣らされてしまうが、意識を働かせれば、すぐに元の感覚を取り戻すこともできる。扇風機はもとより、エアコンの冷風はスイッチさえ入れれば自動的に吹いてくる。だが自然はそうはいかない。じっと待つことになる。しかし、待つことで、微かな風をも感じることができるようになる。そよ吹く風にさえも「涼」を感じ取り、ありがたみを覚える。これも恐らくはお堂の中に居るからだろうが、この皮膚感覚を取り戻すことだけでも、暁天講座に参加する価値は充分にある。

午前七時。講座が終わると、もうひとつの愉しみが待っている。それが朝粥。『泰平亭』で芋粥が振る舞われるのだ。

講座も朝粥も無料。なんとも有難いことではないか。こういうときこそ、志納金をふんぱつしたいもの。『泰平亭』には売店があり、格好の土産は「知恩院七不思議」のひとつ、〈忘れ傘〉を象《かたど》った最中菓子。六本入りが七百四十円と値段も手頃だ。五百円也の庭園拝観料を払って、広い境内を散策しながら、「知恩院七不思議」を巡るのも愉しい。朝から昼まで半日掛けて『知恩院』を堪能したなら、精進料理でランチタイムという手もある。

『知恩院』御影堂

五日前までの予約が必要となるが、『知恩院』で精進料理を食べられることは存外知られていない。千五百円の手軽な「知恩弁当」から、四千円の立派な「葵御膳」まで、手の込んだ精進料理を味わえる。「葵御膳」を選んだとしても、暁天講座、朝粥、境内拝観、すべてを含んで、早朝から昼過ぎまで二食付いてゆったり過ごせる。老舗料亭の朝粥より安価で済む。どちらを選択するかで、京都習熟度が計れるというもの。

身も心も洗われる暁天講座。他に『金戒光明寺《こんかいこうみょうじ》』、『相国寺《しょうこくじ》』、『東福寺《とうふくじ》』など、いくつもの寺院で行われている。事前申し込みが必要な場合もあるので、日程も含め、必ず問い合わせを。

三　夏の名残り（葉月）

「祇園祭」が終われば、京の夏は一層厳しさを増す。だが八月も七日辺りになれば、秋が立つ。「大暑」を過ぎ、葉月に入れば夏も名残りとなる。

京都の夏。それは、如何に暑さと向き合うか、どう対処するか、それを日々繰り返す季節のこと。盆地ゆえの蒸し暑さを疎《うと》んじながらも、この都をこよなく愛する京都人は、さまざまに工夫を重ねることで、暑さを忘れ、凌《しの》いできたのである。

たとえば町家。間口が狭く、奥に長い家の構造は、風を呼び込み難く、しかしわずかに入ってきた風を生かし、涼を呼ぶ仕掛けを作ってきたのだ。それが通り庭や坪庭など、理に適った造作なのだが、それだけに留まらないのが京都人の智恵。風を見せるのである。簾戸《すど》や簾《すだれ》、暖簾、さらには庭に植えられた棕櫚《しゅろ》の葉、これらはすべて、微かな風をも逃すことなく、ゆらゆらと揺らめき、そこに風がそよ吹いていることを知らせる。揺らめきを見せることで涼を呼ぶ。これこそが都人の智恵であり、風情なのだ。

扇子、緑陰、あるいは水辺の床店、爽やかに酢を香らせる寿司、京都の夏に涼を呼ぶ仕掛けはいくらもあり、それらは都を歩けば、いとも容易く見つけられる。夏の京都旅、ほんまもんを見つける楽しみは尽きることがない。

早暁の京都

夏の京都。尋常ではない暑さに、観光どころではない、と避ける向きも少なくない。

確かに昼の熱気、夜の蒸し暑さは、長年住んでいる身にも辛く、一向に馴れないのも事実である。唯一、夏の京都で「涼」を感じられるのが朝。陽が高くなるまでのわずかな時間は、如何に京都といえども、ほんのひとときながら、涼やかな表情を見せるのだ。

住まう人々の高齢化が、一層、その流れに拍車を掛けた。京都人の朝は早い。

『京都御苑』、鴨川堤、夜が明けるか明けないかの早暁から、人影が慌しく動きはじめる。

連れ立って散歩する老夫婦の足許では子犬がじゃれつき、その横を走り抜ける中年男性が、朝の挨拶を投げかける。きっと毎朝繰り返される光景なのだろう。日常の京都、普段着の京都がここにある。薄化粧の昼、厚化粧の夜、京都はその時間の移ろいに合わせて、衣装も替える。だがそれは、あくまでもよそいきの表情。幾許かの媚《こび》を含んでいる。

散歩道のみならず、パン屋、食堂、早朝の店先にも普段着の京都が垣間見られる。如何にも通い慣れた風に、いつもの商品を掛け橋にして客と店の間に、朝の挨拶が交わされる。

夏の鴨川

「今日も暑ぅなりそうですなぁ。よろしゅうに」
「おおきに。いつもありがとさんどす」

つかず離れず、絶妙の距離感を保ちつつ交わす朝の挨拶に、涼やかな京都人気質が表れる。昼でもなく、夜でもない、朝にこそ、京都の夏の涼がある。それもしかし、名残りだからこそでもあるのだが。

葉月の花といえば、誰がなんと言っても百日紅《さるすべり》に決まっている。『京都御苑』や『金閣寺』など、洛中のどこにでも咲く花だが、僕のとっておきは『相国寺』の塔頭《たっちゅう》『長得院』境内のそれである。

広い境内にいくつもの塔頭が点在する『相国寺』。京都五山の第二位として知られる寺だが、その中の『長得院』は観光客無縁の塔頭、門扉には錠前が掛かり、来るものを拒む空気が満ちている。マナーを守り、心静かに錠前を外して境内に入るとそこには見事な百日紅が紅い花を咲かせている。

なぜこの塔頭かといえば、実はうちの墓所だからである。祖父母、そして父が眠る寺には、当然ながら旧盆には墓参りを欠かさないのだが、その折、いつも見とれるのがこの百日紅。あまりに見事なので、今回ご紹介する次第。白樺派に傾倒していた祖父が建てた墓石には、「天に星　地に花　人に愛」という、武者小路実篤《むしやのこうじさねあつ》のことばが刻まれている。

百日紅をサルスベリと読むのは、その幹、枝がつるりとして滑りやすいからである。すべすべした幹に紅をさした色合いの花を咲かせる様はなんとも艶っぽい。夏燃え盛る花である。

下鴨糺の森の「納涼古本まつり」

旧盆近く、そろそろご先祖さまを迎えようかという頃、『下鴨神社』に続く糺《ただす》の森【地図D】では、「納涼古本まつり」が開かれる。

京の街中を流れるふたつの大きな川、賀茂川と高野川。これが合わさって鴨川となるのだが、その合流点の三角州に広がるのが、ここ糺の森。太古の姿を今に残し、真夏でも冷んやりとした涼風が吹き渡る原生林には、朝夕、都人が涼を求めて集う。この森はまた、「葵祭」で知られる『下鴨神社』の参道も兼ねている、いわばサンクチュアリ。厳かな冷気が漂う。

この森に、京都、大阪を中心に数十軒の古書店がテントを並べ、古文書からコミックに至るまで、さまざまなジャンルの古書を商う。老若男女が朝早くから集まり、それぞれが好みの本を物色する。ここでの僕のお奨めは京都関連の書物である。

現代の京都の書店。たいてい店頭の一番目立つところに、京都本コーナーがあり、そこには多くのガイドブックが並べられている。ミニサイズの文庫タイプから大判の写真集まで、さまざまな判型で、神社仏閣から食ガイドまでありとあらゆる内容のガイド本が、次から次へと出版されていることを教えてくれる。

だがその多くは、他誌の請け売りであったり、後追いであったりと、似たりよったりに見える。店の広告かと見まがうようなグルメガイドも少なくなく、信頼性にも欠ける。

そういう本を見慣れた目には、ひと昔前の京都本は実に新鮮に映る。

岡部伊都子《おかべいつこ》、國分綾子《こくぶあやこ》、大村しげ。それぞれが書く京都のくらし、味の、何と趣き深いことか。随筆家ということばに恥じず、味わい深い文章の中に、必ずといっていいほどに批判、批評があり、店の広報係のような今どきのライターとは雲泥の差がある。いったいいつから、京都本は絶賛調になったのだろうか。

「糺の森」

今と同じく、当時も女性の書き手が多かったようだが、根本姿勢がまるで違う。しっかりとした意見を持ち、ものごとの善し悪しを見分ける力を備えている。店に媚びることなどあるはずもなく、ぴんと背筋の伸びる文章を書く。お三方が今の京都の料理屋を訪ねられたなら、どんな感想を持ち、どう表現されるだろう。少なからず、憂《うれ》い、嘆きのことばが聴けるに違いない。平成の岡部伊都子が待たれるところ。
何十年も前の本であるのに、生き生きとした描写は古びることなく、ゆえに価格も出版時より高価なものもある。だが、それだ

『宮脇売扇庵』

けの価値は十二分にあるので、ぜひとも買い求め、ご一読願いたい。今の浅薄なガイド本がいかにつまらないかを教えてくれ、本当の京都を見せてくれる。京都を違う目で見るための昔の京都本を探すには、この古本まつりが格好。

『宮脇賣扇庵』の夏扇子

祇園、先斗町、花街にある料理店、取り分け、板前割烹《かっぽう》などの客席には、舞妓や芸妓の名入りうちわが飾られ、京の夏を彩る。一方で、夏の挨拶回りに欠かせないのが扇子。無論、茶席や訪問、年中扇子は活躍するが、やはり夏の扇子は本来の姿を取り戻し、京都の夏に涼を呼ぶ。開いて扇げば夏の絵柄が何とも涼しげだが、閉じて膝頭に置かれれば凛とした涼風が吹く。

扇子には男持ちと女持ちがある。微妙に寸法が異なるのだが、カップルなら図柄を合わせて揃いで持つのも愉しい。エアコンの風を待つのではなく、扇を扇いで風を呼び込む。なんとも雅な風情ではないか。たとえ頬に呼んだ風が生温くとも、早晩それが涼風に変わる、そんな想いを込めて、『宮脇賣扇庵』【地図B⑰】の秋草模様などはいかがだろうか。

「五山の送り火」

あまりにもこの行事が知られ過ぎて、単なるイベントとして捉えられているのが残念だ。特に、箱根山で似たような行事が行われているからなお一層。以前に比べれば随分少なくなったとはいえ、いまだに「大文字焼き」と書くマスメディアがある。ことあるごとに言っているのだが、八月十六日の夜に、京都の街で揺れる炎はあくまで宗教行事。旧盆に帰ってこられたご先祖さまを、お送りするために燈《とも》す火なのである。

本来は、各家々で門口や川辺に火を焚き、その灯りで先祖を送ったのだが、都人で想いを共有しようとしたのか、京都盆地を囲む山々に送り火を焚き、帰るべき道筋を示した。

夜八時ちょうど。最初に燈るのが東山如意ヶ嶽。賀茂川越しの眺めがもっとも美しい。ベストビューポイントは賀茂街道の堤。この夜は歩行者天国になる。北山通から今出川通辺りまでがいい。中でも〈大〉の字のプロポーションが美しいのは『出雲路橋《いずもじばし》』から『賀茂大橋』までだろうか。当然ながら『京都御苑』からの眺めも美しい。「石薬師御門《いしやくしごもん》」辺りがいい。

『出雲路橋』から望む大文字山

五山とはいうものの、〈鳥居形〉は洛西の小さな山に燈るから洛中からはほとんど望めない。四つを見られれば良しとする。

樹木の茂り具合で年によって異なるが、『出雲路橋』の西畔からなら〈妙〉〈法〉が望める。

〈船形〉はさらに北、『上賀茂橋』まで行けば見ることができ、最後に燈る〈左大文字〉は斜めに見えるのを可とすれば北大路通からでも、その姿を拝むことができる。

少なからぬ出費を覚悟するなら、市内各所のホテル屋上で催されるイヴェントが確実。高層ビルの少ない京都では、十階も上がればたいていの送り火は眺められる。

〈左大文字〉を最後にして、すべての火が消えるのは八時四十分頃だろうか。無事、先祖をお送りして、京の街は秋支度を始める。

第三章　夏の京都のうまいもの

京都最新食事情

京都の食。いささか食傷気味という向きも多いのではないだろうか。雑誌、テレビを筆頭に、マスメディアは相変わらずの京都詣で。もう紹介する店は無いのでは、と思うほどに、京都の料理店はグラビアに、電波にと露出を続けている。

そんな最近の傾向として〈穴場探し〉がある。いわく「地元の京都人しか知らない店」と題して紹介する。多くその紹介者は地元誌の編集者であったり、著名人、タクシーの運転手だったりするのだが、これがどうも見ていて危なっかしい。そんな店を観光客に奨めていいのだろうか、と。

あるテレビ番組で、タクシー運転手が穴場店として「おばんざいバイキング」なる面妖《めんよう》な店を紹介していた。しかも地元京都人にも人気だと付言していたのに、あきれてしまい、開いた口がふさがらなかった。

繰り返し述べてきたが、「おばんざい」というものを、真の京都人は決して店で食べない。「おばんざい」というのは京都人が家庭で食べる質素な食。そんなものにお金を出してまで、店で食べるなどあり得ないこと。ましてや「バイキング」……。まともな京都人ならこんな店に足を踏み入れないのに、まるで地元のお墨付きのように紹介するというのはいかがなものか。

人それぞれだから、好んで訪ねるのは勝手だが、虚飾を付けて紹介されては困る。京都のイメージを勝手に作り、それに合わせるかのように、宣伝上手な店は媚を売って過分な利益を得る。そんな今の流れに真っ当な都人は眉をひそめている。

この「おばんざいバイキング」なる店、入店してきた客に向かって誰彼かまわず「お帰りなさい」と言うのだそうで、それをまた「京都らしい気遣い」だと勘違いして紹介する。何ともバカげた話。

初めて訪れた客に向かって、京都の店が「お帰りなさい」などと言うわけないではないか。いかにも優しく接しているような、そんなあざとい台詞を京都人は吐かない。これだけで、この店の「お里が知れる」というものだ。

いかに食べ放題とはいえ、二千円も出すのなら他にいくらも店はあるだろうに。おそらくこの店、タクシーの運転手に優しいのだろう。と、案の定この店は学生、修学旅行生は半額にするとＨＰにあり、引率してきたタクシー運転手にも同様の計らいをするのだそうだ。さ

『西陣鳥岩楼』

もありなん、からくりを知ってしまえば単純な話。

昔から「旨い穴場店はタクシー運転手に聞け」という定説があり、時にそれは正しいのだが、世知辛《せちがら》い世の中になってから、この法則を信じ込むのはきわめて危険。案内すれば「オイシイ」ことにありつけるからと、自分の利を優先して、紹介するドライバーも居るからだ。眉に唾をしっかり付けながら聞くに限る。

同じ番組で、地元誌のライターが、龍馬ゆかりの鶏鍋の店を紹介していたが、これもまた危うい話。

件の店、たしかに立派な建屋であり、歴史を感じさせるのは間違いないのだが、はたして龍馬が食したかどうかは定かでない。それをさも通い詰めたかのように断言するのは頂けない。代替わりする前に比べて、最近はちっとも鶏に旨みを感じないのも、たかが鶏鍋に一万二千円を超える料金であることも、僕がお奨めできない理由だ。

白濁したスープの味わいなら、親子丼で知られる『西陣鳥岩楼』【地上E㊱】なら半額の六千円と少し出せば、「水だきコース」を満喫できるし、龍馬ゆかりというなら、縄手通の『鳥新』を訪ねるべきだろう。何故ならこの『鳥新』は、移転前のことながら『竜馬がゆく』

にも登場し、龍馬がこの店で鶏を味わっただろうことは史実としての確率が高いからである。にもかかわらず、この店のＨＰでは、それを声高に喧伝するわけでもなく、淡々と事実だけを紹介している。

『鳥新』の水炊きもまた七千円と少し。先のテレビで紹介していた店がいかに図抜けて高価であるかが、お分かり頂けるだろう。無論それを承知で訪ねる向きがあっても一向に問題はないのだが。龍馬＝鶏鍋＝この店。きちんとリサーチせずに、他社、他誌の請け売り（パクリ）という安易なマスメディアが編み出した図式に惑わされぬよう、くれぐれもご用心。

『鳥新』

京都の店には、何より〈奥ゆかしさ〉が欠かせない。最近の「言うたもん勝ち」の世相、大阪なら通用しても、京都には似つかわしくない。「京料理」「京野菜」「おばんざい」、声高に喧伝する店には要注意と繰り返し書いてきたが、その傾向はますます強まっている。

近頃のブームなど何処吹く風。長い歴史の一こまをただただ綴って行く。そういう店にこそ、京都ならではの美味が潜んでいるのだ。

「決して特別なことなんかしてまへん。先代から教わったことを忠実に守ってるだけですし、自慢できるような料理作ってるわけやおへんで。昔からのお客さんに叱られんように毎日気張っててます。雑誌やらで紹介してもらえるような立派な店やないんですわ。堪忍しとぅくれやっしゃ」

大正期創業のとある老舗、当代主人のことばだ。頑《かたく》ななまでに取材を辞退する姿勢に敬意を表して、一度もマスメディアで紹介されたことのないこの店は、変わらぬ美味を作り続けている。本当の〈穴場〉とはこういう店を指すのだが、騒ぎの渦に巻き込まれないよう、そっとしておくのが、京都人の務めでもある。

一　京の夏の二大美味　鮎と鱧

四季を問わず、京都の街にうまいものは溢れている。旬を大切にする都人はしかし、潔く季節ごとに美味を食べ分ける。春には春の、夏には夏の美味があり、季節を外さない。

夏といえば鮎《あゆ》と鱧《はも》。夏の京都の二大美味は、京都が海から遠い山国だからこそのもの。鮎は言うまでもなく川魚である。山里を流れる身近な川で獲れるせいか、どうしても日本人は海の幸に比べて軽く見がちだ。瀬戸内の鯛と長良川《ながらがわ》の鮎。どちらも旨く、どちらを珍重するか悩ましい問題だが、いつ食べるかが大事な要素。

旬を外す。遅いのは問題外だが、早過ぎても嘲笑を受ける。

季重なり

季節の食材には三つの食べ頃がある。〈走り〉、〈旬〉、そして〈名残り〉。〈旬〉は盛りの時期だから、誰にでも分かりやすく、与しやすい。難しいのは〈走り〉と〈名残り〉。下手をすれば季節外れと取られるからである。が、ここでもまた京都という土地の個性が際立つ。

初ガツオに代表されるように、江戸っ子は〈走り〉を珍重する。人に先んじることを〈粋〉と捉えるからだろう。では京都で〈走り〉はどう取られるか。

たとえば鮎。鮎には天然ものと養殖ものがあり、近年はその間ともいえる半天然ものが人気を呼んでいる。通称「半天」。過ぎたる天然信仰は天井知らずの高騰を呼ぶことから生まれたものだが、よほどの食通でない限り、天然ものとの見分けは難しい。

天然ものの川魚は乱獲を防ぐ意味で、解禁時期が定められている。各地の川ごとに解禁日が決められ、たとえば京都の鮎を代表する上桂川《かみかつらがわ》や美山川《みやまがわ》、保津川《ほづがわ》などは、六月に入ってからである。もっとも早いだろう岐阜、長良川下流でも五月の十日過ぎ辺りか。

——桜が咲くか咲かないか、という時期に、京都を代表する料亭Hを訪ねた。リニューアル直後ということもあって満席の盛況。この席で稚鮎《ちあゆ》の塩焼きが出された。それもちょうど旬を迎えていた筍の皮の上に載せられて。

席を共にしていた相客の反応が興味深かった。東京からの客は驚きとともに喜びの声を上げ、嬉々として齧《かじ》りついたが、招いた側の京都人は複雑な表情で、仕方なくといった風に箸を伸ばした後、僕に目で合図した。どう思う？　と訊いているのだ。

東京から招いた客人が喜んでいるのだから、とやかく言って場の空気を悪くすることもないので、その場はさらりと流した。——

俳句、連句の世界ではこれを〈季重なり〉という。明らかにどちらか一方が主たる場合を除いて、ひとつの句の中でふたつの季語が重なるのを嫌うのが常である。

たしかに稚鮎は春の釣果《ちょうか》だが、鮎の塩焼きというものは夏の食べ物だ。酢炊きにしたり、天麩羅にして、稚鮎で鮎の〈走り〉を愉しむのなら理に適っているのだが。

江戸っ子が先を競ってシンコの握りを求めるのに倣ったのかどうか。少なくとも都人はこれをよしとしない。わずかな〈走り〉なら微笑んでも、フライングとも取れるような明らかなそれを好まない。その手のものを作る者を「あざとい」と思い、それを喜ぶ客を〈いちびり〉と呼ぶ。

都で好まれるのは〈走り〉より〈名残り〉である。

同じ鮎でも、夏の盛りを過ぎ、秋口に子を孕《はら》んだ落ち鮎こそを都人は好む。

鮎は年魚と呼ばれる。河口で卵から孵《かえ》り、川を遡り、小鮎から成魚となり、上流で遊ぶ。そこを釣られるわけだが、運よくそれを逃れた鮎の雌は卵をお腹に抱いて川を下って行く。わずか一年。その命を終えようとするのが落ち鮎である。

ぷっくらと膨らんだ腹は、炭で焼かれてはち切れる。そのぷちぷちとした歯応えに、都人は〈もののあはれ〉を感じ取る。あるいはどこか、ものを最後まで使い切る〈始末〉にも通じるのかもしれない。

「今年も鮎は終わりやなぁ。長いこと愉しませてもろた」

大店の旦那は小さく合掌して、箸を取る。

「この音、聴いてもらうのも、もう最後ですやろな」

鮎を出し終えた板前が、包丁を替え、小刻みに動かして、鱧切りの音を響かせる。

「名残りの鱧か。よう肥えとるな。旨そうや」

旦那が身を乗り出して、真っ白い鱧の身に目を細めた。


そんな会話が割烹店のカウンターを挟んで交わされるのは、夏の名残り、秋の足音が聞こえて来る頃。

鮎は初夏から秋口、鱧は梅雨明けから祇園祭を盛りとして、虫の集《すだ》きが草叢《くさむら》から聞こえ、山里からキノコの便りが届き始める頃までの味わい。

小さな割烹でのやり取り。そこで交わされるのは食べ物に対する敬意である。消えゆくものを惜しむ気持ちは、料理する側も、食べる客も同じ。それが〈名残り〉の醍醐味であることを都人は知っている。

古くは平家の落人。建礼門院徳子《とくこ》も、そのひとり。

壇ノ浦の悲劇から後、徳子は東山『長楽寺』に身を寄せ、出家する。しかししばらくして都を大震災が襲い、寺も大きな被害を受ける。やむなく徳子は都を離れ、洛北大原へ蟄居《ちっきょ》する。『寂光院』に入った徳子は、宮中とは比ぶべくもないほどに、慎ましやかな山里の暮らしを余儀なくされる。かつての栄華は見る影もなく、寂しい日々を送る徳子を憐れに思った里人は、何くれと面倒を見る。その折に差し入れられた漬物に徳子は目を見張った。

それは大原特産の赤紫蘇を使って染めた漬物であった。紫は栄華の徴。かつての誇りを思い起こさせようという里人たちの優しさから生まれたものだった。

痛く感動した徳子はそれを「紫葉漬け」と名付け、後にそれが「しば漬け」に転じ、今も大原の特産として、広く知られている。

都人の心を動かすのは今も昔も〈もののあはれ〉。今を盛りと咲き誇る花より、散り行く花びらに思いを寄せる。それは「食」とても同じこと。〈走り〉より〈名残り〉を重んじる所以である。

塩焼き鮎の旨さ

前置きが長くなった。夏に目指す美味の第一は鮎である。そして鮎は塩焼きにとどめを刺す。稚鮎のように小さいうちは、天麩羅やフライも旨いが、成魚になれば塩焼きを超える食べ方はない。背ごしだの何だのといったって、ひと口ふた口食べれば充分だ。だが塩焼きは違う。一匹二匹で足りるわけがない。とはいっても、布おしぼりほどもある、大きな鮎なら一匹で事足りるのだが。

鮎の塩焼きを食べようとして、きまって話題になるのが背骨の処理。

焼き立てに限ってのことだが、鮎の塩焼きが出されたなら、寝かせた鮎の首の後ろと尻尾を折り、身を立てて二本の箸を寝かせ、鮎の背を頭の方から尾に向けて順ぐりに押さえる。そして首をひねって頭を引き抜けばあら不思議。背骨がするすると外れる。

と、これはしかし、五寸を超えようかという大きさの鮎のこと。三、四寸のものなら頭からがぶりと齧り付くに限る。そのためには、焦げ過ぎかと思うくらいにしっかり焼いて、背骨まで柔らかくなっていなければならない。

誰が始めたのか、鮎に化粧塩をして焼く店が少なくない。頭、背びれ、腹びれ、尾っぽにたっぷりと塩を塗《まぶ》して焼く。焦がさずに身を美しく焼き上げるという目的のようだが、余計なお世話だ。焼きが浅いから骨が硬くて丸齧りができない。

軽く立て塩をして、頭から尾っぽまでじっくりと焼く。当然ながら頭も尾っぽも焦げる。

それでいいのだ。叶うなら炭火がいい。遠赤外線が骨を柔らかくし、丸齧りしても、何も障らない。この焼き立てに次から次に齧り付く。五匹くらいはあっという間だ。これが鮎の塩焼きというものである。生焼けの川魚ほど興を削ぐものはない。見た目は悪くとも、しっかりと火が通ってこその川魚だ。

六月を過ぎ、夏場に京都の料理屋を訪ねると、たいていはこの鮎の塩焼きが出されるはず。そしてこの料理を見れば、店のレベルを計ることができる。近頃喧《かまびす》しい星の数で表してみる。

☆☆☆　三寸ほどの天然鮎をこんがり焼き立てで数匹
☆☆　「半天」の小振りの鮎をこんがり焼き立てで三匹ほど
☆　養殖鮎だが小振りのものを焼き立てで二匹
☆無し　小振りの養殖鮎だが焼きが浅く、頭からは無理
×　大振りの養殖鮎に化粧塩をたっぷり付けて浅く焼く

ざっとこんな感じだろうか。

お遊びで☆を付けてみたが、さて、二〇〇九年秋に発表されたミシュランガイド。物珍しさも手伝って、発表直後はマスメディアをはじめ、料理屋、飲み屋での格好の話題になったが、それもうたかた。年が明けてからは口の端にも上らなくなった。さもありなんである。京都・大阪版とはいうものの、主体は間違いなく京都。三ツ星店七店のうち六店までもが京都で、しかもそれらはすべてが和食の店。京都ファンにターゲットを絞ったのは明らかだ。

調査員がフランス人なのか日本人なのか、それすらも詳《つまび》らかでなく、誰が断じたのか分からないのに、三ツ星を取ったことが勲章のように報道され、当の料理人までが右往左往している姿は滑稽以外の何ものでもない。

本来京都人は、〈権威〉を振りかざす輩には靡《なび》かないはずだ。〈矜持〉より〈商い〉を優先させたのだろうが、いつかきっと、痛いしっぺ返しを食うことだろう。

発表前の辞退騒ぎも、いつの間にか沈黙に変わり、発表当日は満面の笑みでフラッシュを浴びる。三ツ星を授与された中に、骨のある料理人や主人がひとりも居なかったのは寂しい限り。誰ひとり和服姿で式に臨まなかったのが不思議だ。三ツ星をもらったなら、必ずあの白いコック服を着用して記念撮影しなければいけなかったからだろうが。

世界に誇る日本料理というなら、栄えある式典には和服で臨むのが筋というものだろう。

それともこれからは、コック服で板場に立つとでもいうのだろうか。京都人の心意気を示す絶好の機会だっただけに、残念至極だ。

京と鱧

夏に目指すべき美味の第二は鱧。京都の夏は鱧を抜きにして語れない。「祇園祭」には欠かせない鱧を少しばかり説いておこう。

なぜ海から遠い京都で鱧かといえば、それは鱧が強い生命力を備えているから。瀬戸内で獲れた鱧は、山陽の陸路、大阪湾から淀川を経て水路で、京の都に運ばれた。並みの魚ならとうに息絶えてしまう距離であっても、生命力の強い鱧は生きて都まで届いた。ゆえに京の都では鱧が名物となった。大方の説明はここまでだが、では、なぜ鱧はそんなに生命力が強いのか。ほとんどはそこまで言及しない。

生まれもって疑り深い性格の僕は、これに疑問を持った。なぜ鱧だけが、というのが引っ掛かった。鯛とどう違うのか、似た形状の穴子はどうなのか。

行き着いたのは呼吸法だった。ほとんどの魚が鰓《えら》呼吸だけなのに対し、鱧はなぜか皮膚呼吸もするのだと知った。鱗の代わりともいえる「ぬめり」がその秘密兵器だそうだ。なるほど、そういう訳だったのかと納得した。今なら水槽に入れたまま運べるが、当時はそれもままならず、水から揚がった魚を運ぶうち、さほど時間を経ずに息絶え、腐敗が始まったのだろう。そこへいくと鱧は、水なくしても四十八時間程度は生きているのだという。

ならば、他の土地でも重宝されたかといえば、ここにひとつ問題があり、それは小骨の多さ。普通に調理したのでは骨が残り、食べづらいことこの上ない。多くが敬遠した中で、熟練の腕を持つ京都の料理人は、骨切りという術を見出し、さまざまな料理を生み出したのである。鱧なら京都、そう賞される由縁。落とし、椀もの、焼き、そして鱧しゃぶ。多彩な技で調理され、鱧は都人の舌を喜ばせ、祇園囃子を胸に響かせる。

旅館・料亭で味わう鮎

話を戻して鮎。三ツ星は次章で紹介するとして、洛中での☆☆には意外な店で出会った。何度書いたことだろうか。京都一、いや日本一の名旅館『俵屋』【地図B⑭】で、この☆☆鮎に出会ったときのことは忘れられない。旅館料理ゆえ、そこまでのものは期待していなかっただけに、この鮎の旨さには舌を巻いた。頭から齧り付いてもまったく骨が障らない小振りの鮎を、こんがり、しっかりと焼く。夕餉の料理のうちのひと皿だから、鮎だけを堪能というわけにはいかないが、洛中で食べられる鮎の中では出色である。

『俵屋』と同じく星を獲得した『要庵西富家《かなめあんにしとみや》』【地図B⑱】も、旨い鮎を出す。笹の葉を枕にして、薄っすらと煙を上げて、焼き立て鮎が座敷に運ばれてくる。ここもまた、小振りの鮎をしっかりと焼く。宿の主人のお奨めにしたがって、黒ビールを相の手にがぶりとやると、至福のひととき。夏ならではの味わいだ。

旅館は泊まらずとも、部屋が空いていれば夕食だけでも請けてくれる。トップシーズン以外なら案外空きがある。まずは電話で問い合わせ。無論泊まって食べられればそれに越したことはない。

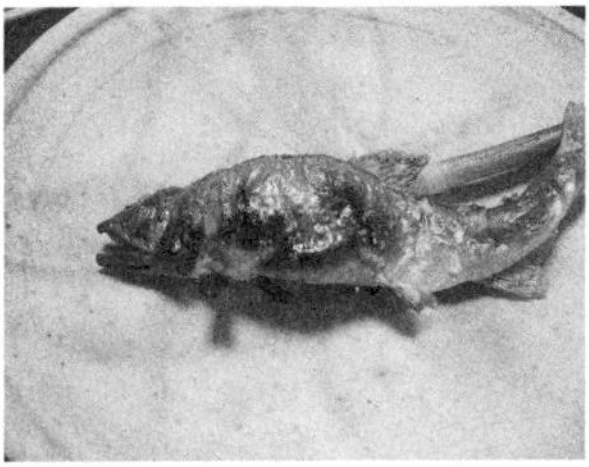
『俵屋』の鮎

割烹全盛の京都。料亭は重鎮ばかりが目立ち、軽やかな空気が弾む若い料亭が中々出現しない。なぜかと考え始めて答えはすぐに見つかった。料亭は京都文化の結集、おいそれとは作れるものではないからである。

涼風を袂に呼び込みながら、鮎の塩焼きに舌鼓を打つのは、夏ならではの醍醐味なのだが、それを愉しめる店は限られている。

第一に足を運ぶべき料亭は『建仁寺《けんにんじ》祇園丸山』【地図B⑪】。

『要庵西富家』

『建仁寺祇園丸山』

この店の本店に当たる『祇園丸山』の出現は、京都の料亭文化に新風を吹き込んだ。数多の料亭で料理長として腕を振るってきた主人が、満を持して独立した店は、細部にまで神経の行き届いた料亭として、一躍名を馳せた。

単なるパフォーマンスではなく、あくまで数寄者のための趣向であるところが心地いい。木桶にガラスを嵌めこんだ、レトロな金魚鉢のような器に泳ぐ鮎を見せた後、縁側に設えた炭火の炉で鮎を焼く。これぞ夏の贅沢。床に掛かる軸、掛け花入れに投げ入れた矢車菊。茶の心得を熟知しながらもそれを大仰に諂うことはしない。だが、その設えを見れば分かる。ここまで普請に心を配る店は、古都京都といえども五指は超えない。大した修業もせずに、運よくパトロンを見つけて独立を果たした割烹もどきでは、決して味わえないひとときだ。

少しく趣向を変えるなら、奥嵯峨野鳥居本に暖簾を掲げる『平野屋』【地図J㊺】がいい。

浮世離れした地に苔むした館を備え、時が止まったかのような空気を湛えている。

この店の話を始めると長くなる。京都の台所を守る愛宕山から始まり、素朴な茶店菓子「志んこ」の話まで、いくらも逸話は尽きない。京都で本物の鮎を食べるなら、この店を訪ねるに限るとだけ記しておこう。


『音戸山山荘畑善』


洛外にある店は鮎だけを得意とすることが多いのだが、洛中の店では鮎が旨ければ鱧も旨い、それが通例である。

座敷で食べる鮎や鱧。その愉しみは「心持ち」にある。旦那気分とでもいおうか、ゆったりとした心持ち。旨いものを食べるのだが、それだけに執着しない。あくまで主役は「座」にある。「一座建立」ということばがある。そんな空気。鮎も旨い。鱧も旨い。だが一番美味しいのはこの「座」の空気。それを味わうなら『音戸山《おんどやま》山荘畑善《はたぜん》』【地図広域②】に限る。

くどいようだが、今どきの料理人は店を開くのが早過ぎる。短い修業期間で独立してしまうのはまことにもって惜しい。もう少し修業を積めば多く身に着いたものを、早くに独り立ちしたばかりに、そこから先の成長がない。

修業先の繁盛ぶりを見るにつけ、五年と我慢ができずに独立する。

新規オープンの店は、ブロガーをはじめ、フードライターたちの格好の食いぶちだから、手放しで称賛される。その記事を読んだ純心な読者はこぞって足を運び絶賛する。当然ながら件の店は繁盛し、あっという間に名店の仲間入りを果たす。ここ数年、繰り返されてきた愚行だ。

「新しい京都の店を知りたい」という需要がある限り、果てしなく続くのだろうが、その結果、京都の割烹店のレベルが下がっていくのを黙って見過ごすわけにはいかない。それにはしかし、地道ながら朴訥に料理を作り続ける料理人の店を知らしめるしかない。その代表ともいえるのが、この『音戸山山荘畑善』なのである。

芸妓舞妓が行き交う路地にあるわけでもなく、神社仏閣の傍でもない。京都でも有数の高級住宅街の最奥にある、そんな立地だが、ここで供される料理は至極真っ当な「京料理」である。器、もてなし、設え、何よりその味わい。こんな場所に本物が潜んでいるのが京都という街の奥深さなのだが、そんなことは新しきばかりを追い求めるライターたちには知る術もないのだろう。ただただ京都らしい界隈の新しい店だけを追い掛け、にわか仕立ての未熟な料理を絶賛し、広報役に徹する。店と書き手の利害が一致して、この流れは当分止まりそうにない。嘆かわしいことだ。

カウンターで鮎、鱧を愉しむ

京都で日本料理を食べようとして、選ぶべきは「料亭」か「割烹」。前者は空間をも一緒に愉しむものであり、後者は好き勝手、気ままに旨いものを食べる場所であったはずなのである。その図式が日々崩れて行くのが哀しい。

見た目にはカウンター割烹でありながら、料理はおろか、食べるタイミングすら選べない。客が店にすべてを委《ゆだ》ねるのが今どきの京都の割烹。カウンターに集《つど》う客が同じ料理を、一斉にスタートして食べる。ふと気付けば異様な光景なのだが、予約の取れない人気店ゆえ、誰も異議を唱えるはずもなく、さも当然のようにして食事が進んで行く。料亭の座敷なら、これで正しい。客が余計な気を使わずとも、料亭が料亭のペースで事を運んでくれるから楽だ。そもそもが、何を食べるか、よりも、どう時間を過ごすかが命題だったのだから。

しかし、カウンター文化と言っていいだろうそれは違い、日本独自のものである。海外にも似た止まり木はあるが、そこは酒を飲む場に限られるのであって、料理人と客が、板一枚を挟んで対峙《たいじ》し、やり取りをしながら食事をするのは、日本だけのことと言っていい。その代表とも言えるのが板前割烹。歴史を遡るなら、今の祇園『浜作』を嚆矢とするもの。その日に用意された食材を睨《にら》みながら、料理人と客がことばと心を通わせつつ料理を組み立てて行く。それこそが京割烹の醍醐味なのだ。

川端康成をはじめ、白洲次郎、河井寛次郎《かんじろう》など、文人や芸術家はこぞってこの店に足を運び、あるときは料理に目を細め、時には主人を困らせる注文を出し、結果、客も主人も成長を遂げていったのである。文人墨客《ぼっかく》は多く、旨いものに出会ったことを文章に残すが、その記述には店の主人と客とのやり取りがいきいきと描かれていて、含蓄《がんちく》を多く包み込んでいる。味わいを書くには、味わいをもたねばならない。自省を込めて肝に銘じておきたい。

『割烹はらだ』

座敷でゆったりもいいが、焼き立て熱々を頬張るにはカウンター席が一番。

「春生じ、夏長じ、秋衰え、冬死す。故に年魚と名づく」と『和名抄《わみょうしょう》』にあるように、年魚、鮎の一生は一年限り。

夏、燃え盛る太陽に合わせるかのごとく、今を盛りと命をきらきらと輝かせ、清流を堂々と泳ぐ鮎。人はそれを競って獲り、食べる。命を絶たれた悔しさからか、金串に躍り、身をよじり、かっと目を見開く鮎。岩にこびりついた苔を食むうち、鋭さを湛《たた》えたその顔つきにたじろぎながらも口に運ぶと、青い香りと苦みが官能を射抜く。

つい今しがたまで、ビニール袋の中で勢いよく泳ぎ回っていた鮎が、その生命を断たれ、横たわっている。

自らの命を長らえるために、他の命をいただくからには、微塵も無駄は許されない。頭からかぶりつき、鰭《ひれ》、尾っぽまで、骨もすべてを食べ尽くす。

主人夫婦は揃って釣り好き。定休日には解禁なった川に入り込んで、釣果を競う。その成果がカウンターの向こうで焼かれる。贅沢の極みだろう。

『割烹はらだ』

河原町竹屋町に暖簾を上げてまだ日が浅い。だが『割烹はらだ』【地図B⑬】はじわじわと地元客の人気を集め、東京にまで評判が届き始めた。「おまかせコース」は五千円からあり、豊富な一品料理も相まって、本格割烹ながらも気軽な空気が嬉しい。自ら釣り上げた天然鮎は勿論、厳選した素材を素直に料理する。

今一番のお奨め割烹である。

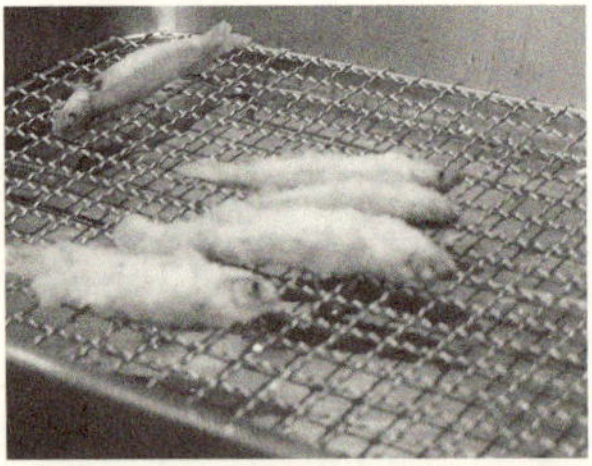

『点邑』鮎の天麩羅

『点邑』

ここはジャンルで分けると「天麩羅」の店である。あるいは、繰り返し書いているように、『俵屋』旅館の別棟レストラン。だが、ここはその範疇《はんちゅう》を超えて、京都でも有数の美食処。季節が変わる度に訪れたい店だ。世界に冠たる日本旅館『俵屋』の厨房に長らく立ってきた板前が作るのだから、その料理はお墨付き。

当然のように夏は鮎、鱧を得意とする。鮨屋が鮨の前に、あれこれとツマミを出すのと同じく、『点邑《てんゆう》』【地図B⑯】では、天麩羅の前に、何品かの料理が供されるのだが、これが白眉といってもいい代物。料理そのものはもちろんのこと、器遣い、盛り付けに至るまで、さすが『俵屋』仕込みと思わせる逸品揃いなのである。

鮎の塩焼きといえば、太めの中指くらいの小さなものを、しっかりと焼き、鱧は温しゃぶと呼びたくなるような、ふわりと柔らかい鱧に薄味の出汁を絡める。

無論、本業?の天麩羅も京都一の味わい。ただ新しいだけが取り柄の割烹に目を奪われることなく、かかる本物の店にこそ足を運びたい。

『草餐なかひがし』

カウンター席に腰掛けて、すぐ目の前の竈《かまど》で鮎が焼き上がるのをじっと見つめる。炭火で燻されたそれは、時折りもうもうと煙を上げて、その度に香ばしい匂いが辺りに漂う。白衣を着てネクタイをきりりと締めた料理人は、長い箸でその焼き加減を確かめ、頃合いを見て、火からおろす。

固唾《かたず》を飲んで様子を見守っていた客の膳に、順々に供される鮎は、こんがりと焼き色が付き、当然のことのように、頭から尾っぽまですべて食べ尽くすことができる。

銀閣寺参道に暖簾を上げる『草餐《そうじき》なかひがし』【地図A④】のことは、僕もそうだが、あらゆるメディアでその魅力を語り尽くされ、それゆえかどうか、京都で一番予約の取りづらい店となっている。思いついてふらりと訪れることなど夢のまた夢。よって僕はこの店に言及することを遠ざけてきたのだが、カウンターで鮎、となれば、やはりここを外すわけにはいかない。

『草餐なかひがし』

二　床店の愉しみ

鴨川の納涼床

夏の京都。もっともよく使われる絵柄は四条大橋から北を向く、鴨川の西岸。堤には数メートル間隔で規則正しく並ぶカップル。肩を寄せ合い、川面を眺めるカップルの姿は京の夏の風物詩。京都に住まうものなら一度は経験したはず。そしてその光景を見下ろしているのが、先斗町の店が鴨川に向かって張り出した川床席。

鴨川の納涼床

鴨川のそれは〈ゆか〉と読む。同じように見えて、洛北貴船の川床は〈とこ〉と読む。川面の上に置かれた席だからだろう。

かつては真夏だけのものだったのが、今は五月から九月まで床を出す。気候が変わったせいもあるのだろうが、真夏の床店は決して涼しくはない。陽が落ちても気温は下がらず、夥《おびただ》しい数の室外機から吐き出される熱風が、鴨川にも容赦なく押し寄せる。正直なところ、よほどの雰囲気重視派でない限り、七、八月の床店は、酔狂な方以外にはお奨めできない。狙い目は五、六、九月だ。

気候と、そしてもうひとつ様変わりしたのが、床店の内容。長く、日本料理の独壇場だったが、今では百花繚乱。和洋中、料理もさまざまなら、設えも洋風、和風、アジアンテイストが混在する。旦那衆が舞妓、芸妓を引き連れての夕涼みも今は昔。決して贅沢ではなくなった川床で涼を呼び込むのも夏ならではの京の愉しみ。お奨めの店を何軒か。

『菫』の中華料理

『菫』

四条大橋を南に下がる。最初に出会う小さな橋が『団栗橋《どんぐりばし》』。かつてこの橋の畔《ほとり》に団栗の大木があったから付いた名だが、京都の街の八割近くを焼きつくしたといわれる天明の大火は、この『団栗橋』辺りが火元だったことから、「団栗焼け」と呼ばれた。そんな逸話が残る橋を横目にしてしばらく歩くと『菫《すみれ》』【地図B⑫】がある。

鴨川の床店で中華料理といえば、四条大橋畔の『東華菜館』が都人には馴染みが深い。ヴォーリズの名建築に張り出したテラスデッキで、鴨川の涼風を頬に受けながら鯉の丸揚げに舌鼓を打つのは、京都人の憧れ。

『菫』は、そんなスタンダードから離れて、モダンチャイニーズ。大陸より香港辺りの風が吹いている。

『開陽亭』

『開陽亭』の洋食弁当

京都は洋食の街でもある。フレンチ、イタリアンも悪くないが、足繁く通うとなると、やはり洋食、というのが京都の旦那衆。舞妓、芸妓引き連れてのご飯食べも、今はうんと少なくなったようだが、それでも時折り見掛けるのが花街の洋食屋。

先斗町、宮川町、そして祇園。これらの花街とほぼ等距離にある『開陽亭《かいようてい》』【地図B㉓】は、舞妓、芸妓御用達の洋食店。名物料理はいくつもあるが、僕のお奨めは「洋食弁当」。

三段重のA弁当なら、昼だけでなくディナータイムでも食べられる。名物の「フィレ照り焼き」をはじめ、海老フライ、ポークカツ、ミートコロッケなど、お馴染みの洋食メニューが、ぎっしりと詰め込まれる。白いご飯、名物「メキシカンサラダ」と並べば目移り必至。

鴨川からそよ吹く風に頬を涼ませながら、スパークリングワインをぐびりと飲む。これぞ床店の醍醐味。

『侘家洛中亭』の串かつ

先斗町の中ほど、公園のすぐ南側に『侘家《わびや》洛中亭』【地図B㉑】がある。花見小路『祇園甲部歌舞練場』近くに本店を持つ鶏料理店『侘家古暦堂《これきどう》』の新展開、ワインと串かつの店である。

その定義は曖昧だが、多く、「串かつ」といえば、大阪ミナミを発祥とする「ソース二度漬け禁止」タイプの店。一種類の特製ソースを客が共有して食べる。ネタはたいていがストレート、肉なら肉、野菜なら野菜、と単一の食材にたっぷりコロモを付けて、大振りの串を揚げる。

『侘家洛中亭』

一方、「串揚げ」となれば、数種類のソースを使い分け、食材を組み合わせ、凝った串に薄くコロモを付けて、小振りの串を揚げる。コース仕立てのそれは、お腹が膨《ふく》れたところで客がストップを掛けるシステム。僕の好みはこの

「串揚げ」。この店も店名には「串かつ」とあるが、実態は「串揚げ」である。

活け海老、和牛ヒレなどのストレートな串から、生麩《ふ》や蒟蒻《こんにゃく》などの組み合わせ、創作串が順に出される。手頃なワインやスパークリングも揃っていて、使い勝手のいい店だ。

『アトランティス』

『アトランティス』のカクテル

先の公園から南に下ってしばらく歩くと『アトランティス』【地図B㉒】というバーがある。納涼床のバー。最後の仕上げには格好の店。

夜も更《ふ》けると、さすがに暑さもいち段落する。涼風に吹かれながらグラスを傾ける。おひとりなら、鴨川を横目に見下ろすカウンター席がいい。ふたりなら小さな丸テーブルを囲む。女性ならオリジナルカクテル、男性ならシングルモルトといきたいところ。

床店の取り決めとして、十一時を過ぎることはないから、飲み過ぎる心配もない。ほどよきところで切り上げると、夜空に星が瞬き、京都の夜は、しんしんと更けて行く。

貴船の川床については、第一章で触れた通り。流しそうめんくらいがちょうどいい。あと、京都には高尾の里でも床店が出る。ここは観光客に大きく門戸を開き、舞妓が接客したり、蛍狩りができたりと、雰囲気は盛り上がる。が、料理に本格は期待しない方がいい。いずれ、納涼床で食べるというのは、味わいそのものより、雰囲気を愉しむことと割り切りたい。

三　夏の美味しい朝ご飯、精神料理

京都の夏は朝が早い。夜が明けるとともに、年季の入った都人は玄関を出て、朝歩きに出掛ける。目的を持たない散歩あり、朝食を摂りに店に向かう者もあり、朝参りに寺や社へと出向く向きもある。真昼の暑さを避け、涼しいうちに用向きを済ませる。そんな京都人の暮らし振りに接して、美味しい朝ご飯を探すのも夏にのみ与えられた愉しみ。夜明けとともに起き出して、寺参りもよし、鴨川を散策するもよし。美味しい朝が待っている。

宿屋の朝ご飯

長く続く不況のせいか、リーズナブルな夜行バスが人気だそうだ。腰痛持ちの僕には、いくら安価でも縁がないのだが、最近では女性専用やＶＩＰ仕様のデラックスバスがあったりと、安かろう、狭かろう一辺倒ではないようだ。

夜明けの早い夏には格好のアクセスかもしれない。

『近又』

深夜東京を発って、京都に着くのは概ね朝六時前後。こんな時間からチェックインできるホテルがあるはずもなく、かといって、着いていきなり街歩きというのも、長旅の後だけに辛いものがある。まずは腹ごしらえをとなって、さて京都らしい朝ご飯は、どこで食べられるだろう。

もっともよく知られるのは老舗料亭の「朝粥」だろうか。

立派な座敷なら六千円、別棟のテーブル席でも五千円は超える。「京」の雰囲気にはいくらでも払う、という向きにはいいだろうが、朝食の価格としてはいかにも釣り合いが取れない。加えて時間は朝八時からと遅い。この「朝粥」は、前夜祇園でお茶屋遊びを愉しんだ、お大尽方のために設えられた席。夜行バスで京都へ来る旅人には無縁のものと心得る。

錦市場のほど近く、老舗旅館『近又《きんまた》』【地図B⑲】の朝ご飯が人気だ。

享和元年、近江出身の近江屋又八が開いた商人宿。国の登録有形文化財。そんな由緒ある建屋に設えられたモダンなレストランで「旅館の朝ご飯」が食べられる。

一夜干し、煮物、出汁巻き玉子、炊き立てご飯といった、お馴染みの「旅館の朝ご飯」は、京都らしい風情も漂い、錦市場散策を兼ねてというのも一興。

七時半から九時までの朝食はテーブル席の三千五百円から、座敷席五千円まで（いずれも税サ別）。予約は必須だ。

バイキングで味わう本格

ひと頃は図抜けて高価だったホテルの朝食も随分値段がこなれてきた。和食堂の朝ご飯も概ね二千五百円前後といったところ。雰囲気を考えれば高くはないのだが、もう少しリーズナブルに、京都らしい朝ご飯を食べられるホテルはないものかと、探していて出会ったのが、京都駅から歩いて五分と掛からないレストラン『旅籠《はたご》』。第五章で詳述する『ドーミーインプレミアム京都駅前』【地図G】に併設された食事処である。

なんだ、ビジネスホテルの朝食か。おざなりのそれには辟易しているんだ、という向きは多いだろうが、騙されたと思って、ぜひ一度訪ねてみてほしい。きっとそのレベルの高さに驚くことだろう。

新しいホテルができたと聞くと、必ず間を置かず泊まってみるのは、仕事半分、好奇心半分だ。慢性的な宿不足に悩まされている京都で、ホテルや旅館をお奨めするためには、まずは自ら泊まってみないといけない。それも試泊券などという特権を使うことなく、一般と同じく、あらゆる宿サイトを比較して、もっともリーズナブルなプランを予約する。そうして泊まってみたプランに付いた朝食だから、多くを期待せずに食べてみたのだが……。

まずはその雰囲気に感心した。京都らしさの演出が「程よい」のだ。出迎えるスタッフたちのことばが、やたら京都っぽくないのがいい。内装も落ち着いた和風、といった程度で、よく観光地で見掛ける「京都大売り出し」の過剰装飾がなく、かといって、おざなりのビジネスライクではない。

ひとり客は窓を向いた横長のカウンター席に案内される。当然ながらビュッフェ形式。長らく敬遠してきた「食べ放題」だが、「押し付けられない」ことに気付いてからは、時折り利用しているのが、朝食バイキング。「食べ放題」は裏を返せば、「食べなくてもいい放題」なのである。

たとえば野菜ジュースとヨーグルト、コーヒーだけでもいいし、お粥と冷奴だけで済ませることも可能、誰もそれに文句を言わないのがありがたい。「朝食バイキング」に限らず、ビュッフェ形式になると、誰もが眦《まなじり》を決《けっ》し、何としても元を取るべし、とついつい食べ過ぎてしまうのが常のこと。しかし元を取ろうと思わなければ、朝定食やアメリカン・ブレックファストに比べて、軽く済ませるには格好のシステムなのだ。

『旅籠』の朝食。和洋、どちらも用意されているのは当然として、和食のご飯に選択肢があることに心が動いた。

『旅籠』の朝食

炊飯器の横に控えるオバチャンが、自信あり気に誘っている。筍ご飯、白ご飯、お粥。三つの釜の横に三人並ぶ。その前に立ち、目が合うと、嬉々としてよそってくれる。特筆すべきは汁もの。筍ご飯には、わかめの吸い物、白ご飯には味噌汁と、ちゃんと使い分けている。これは完璧に食べ手の立場に立った組み立てだ。

おかずも豊富に揃う。おからの炊いたん、ひじきの炊いたん、青菜のおしたし。いわゆる京のおばんざいもあるし、鮭、鯖、鯵《あじ》と焼き魚も一種類にとどまらない。漬物は『川勝總本家』製のものがずらりと並ぶ。

洋食好みにもきちんと対応しているだろうことは、隣の席に座った外国人カップルが、食べながら何度も満足げにうなずいていたことで分かる。パン、ソーセージ、卵料理、サラダと、見た目にもバリエーションは豊富だった。

カットフルーツとコーヒーで食後の余韻を味わうに、窓外の坪庭仕立てが嬉しい。六時半の開店と同時に入り、時間が許す限り寛いで朝食を味わう。京都に着いて、真っ先になすべきは『旅籠』の朝食である。その内容を見れば千五百円は決して高くない。老舗の朝粥と違って、人に自慢できるようなものではないが、真に「美味しい京都」を求める旅人には最適の朝ご飯である。


『近為』の「ぶぶ漬け」


朝といえばやはりお茶漬け。寝苦しい夜をやり過ごして、食欲の湧かない朝でもお茶漬けならさらさらっと掻っ込める。

残念ながら早朝からというわけにはいかないが、『近為《きんため》』【地図F㊳】のお茶漬け席はお腹を空かせて待つだけの価値は充分にある。

京都人気質を象徴するものに〈京のぶぶ漬け〉伝説がある。

都人の家を訪ね、長居をしてしまったとして、家人から、

「ぶぶ漬けでもどうどすか？」

　そう誘われても、決してそのことばにしたがってはならない。何故なら、それは辞去を促す合図の台詞であって、本当はお茶漬けなど用意されていないというもの。

　まことしやかに流布しているが、よくできた作り話。実際にそんな話は無いと言ってもい い。そこまで屈折しておらず、帰ってほしければ帰ってほしいと素直に述べるのが京都人。

　ついこの間までは、どこの家でも台所の奥の床下か、流しの奥に小さな樽を備え、そこには糠《ぬか》漬けが仕込んであった。だが近頃はめっきりこういう家庭も減り、今では漬物を店で買うことの方が多くなったのは残念至極。

『近為』

　夏の朝。手入れの行き届いた庭を眺めながら、座敷であぐらをかいて、いい按配で漬かった漬物を相の手に、さらさらとお茶漬けを掻っ込む。
　洛中西陣に暖簾を掲げる『近為』は明治十二年創業の老舗漬物店。手切りにした野菜を昔ながらの重石漬けにする

手作りを守り続けている。

漬物売り場の奥にある座敷での「ぶぶ漬け」は漬物寿司から始まるコース仕立て。白味噌椀、彩り豊かなたっぷりの漬物、店ならではの贅沢茶漬けが嬉しい。

十一時からの予約制。二千百円という価格も手頃だが、粕漬の焼き鮭を付けて二千六百円にすれば昼食代わり、ブランチにもできる。


『イノダコーヒ』の「ロールパンセット」


有名な店である。京都通なら誰もが知り、一度はその独特な珈琲を味わったはずだ。いまさらご紹介するまでもないのだが、夏の朝にここほどふさわしい店はないので、あえて紙幅を費やす。

たとえば日本一の名旅館『俵屋』で一夜を過ごしたとする。『俵屋』は日本旅館であるから、特段の申し出がない限り、朝食が供される。前夜、和か洋かを訊ねられ、迷いに迷って決めたそれは、つまるところ、いずれを選んだとしても決して後悔はしない。旅館だからこその和食。旅館の範疇を超えた洋食。この朝食を食べるためだけに泊まる価値がある、そんな朝餉に満ち足りて、さて少しの時間、京都ならではの朝を愉しむには？　そう訊ねて教えられるのが『イノダコーヒ』【地図B⑮】である。

彼の『俵屋』でさえも、安んじて客を委ねられる店。それが『イノダコーヒ』の『イノダコーヒ』たる所以である。

あくまで、〃コーヒ〃である。〃コーヒー〃ではないのが如何にも京都。繁華街、ターミナル、観光地、あちこちに店があるが、お奨めはやはり本店。「京都の朝はイノダで始まる」。表情でそう語る老紳士がいつもの席で、新聞を広げ、ゆったりと朝食を愉しんでいる。その横で、地図を広げ、さて今日は何処へ行こうか。思案するのは何よりの朝の贅沢。

『イノダコーヒ』のロールパンセット

お奨めは「ロールパンセット」。くるんと尻尾が上を向いた海老フライも愛らしく、挟んだロールパンは正統派。繊切キャベツとポテトサラダが添えられ、コーヒとセットで七百八十円。

夏場には格好の土産があって、祇園祭の鉾をデザインしたコーヒー缶がそれ。持ち帰って封を切れば、馨しい香りとともに、祇園囃子が響く。

『ラ・ブランジェ・アサノ』のカレーパン

意外に思われるかもしれないが、京都人は筋金入りのパン好きである。京都の街を歩けば、そこかしこで焼き立てパンの香りがどこからともなく漂ってくる。都人はそれぞれに贔屓のパン屋を持っていて、毎朝のように通い詰める。たいていのパン屋はパンの種類によって焼き上がる時間が異なり、それに合わせるように店に足を運ぶ。無論予約済みである。人気のパン屋では、いきなり訪ねても買えないことが多く、予約札の貼られたパンを横目に、お腹を鳴らすハメになる。

そしてもうひとつ、都人の特徴は移り気なこと。新しいパン屋ができると必ず足を運び、そのパンを気に入ると、あっさり宗旨《しゅうし》替えして、贔屓の店を換える。そうして何軒ものパン屋を渡り歩くことになる。さほど高価なものではないから、ちょっとした手土産にする。話題の店、入手困難な店、ニューオープンの店。それらのパンを買って知人友人に配るのは、少しばかりの自慢でもある。

「ちょっとようけ買うたさかいに。おすそ分けしとくわ」

そう言って、まだ温かい紙袋を手渡す。

「いやぁ、〇〇さんのバゲットやんか。食べたかったんや。よう買えたなぁ。ええ匂いやこと」

袋の上にはみ出したパンの匂いを嗅いで、うっとりした顔付きになる。

貰った方は嬉しい半面ちょっと悔しいが、そんな様子は微塵も見せない。それもまた都人。

洛北は『上賀茂橋』の畔。玄以《げんい》通と新町《しんまち》通が交差する辺りに『ラ・ブランジェ・アサノ』【地図広域③】というパン屋があって、この店の隠れ名物がカレーパン。

京都の中心を流れる鴨川は京都人のオアシス。四季、時間を問わず多くの市民が川面に目を休める。一番気持ちいいのは何といっても早朝。晩秋、東山の峰々から、ようやく陽が昇り始めた頃、鴨川は既にラッシュ状態。ジョギング、犬の散歩、体操、と皆思い思いのスタイルで爽やかな朝の空気と戯れている。

数年前から始めたウォーキング。京都に居るときはほぼ毎日、早朝歩きを楽しんでいるが、洛北『上賀茂橋』の畔で漂ってきた、焼き立てパンの香りを辿って行って見つけたのが『ラ・ブランジェ・アサノ』。パリッと薄い皮が芳ばしいフランスパンも人気だが、必ずトングが伸びるのがカレーパン。軽い口当たりが朝にぴったり。

京都三大祭りのひとつ、「葵祭」で知られる『上賀茂神社』に程近く、新町通の北の端に店を構える『ラ・ブランジェ・アサノ』はガラス張りの明るい店内に豊富な種類のパンを揃える人気店。早朝から夕刻まで、次々と焼き上がるパン目当ての客が絶えることはない。サンドイッチから惣菜パン、フルーツ系まで、どれもほのぼのとした味わい。

『大弥食堂』の朝うどん

朝早くといえば、やはりその代表はお寺さん。中でも、早朝から多くの参拝客が訪れるのが東本願寺。鳩が飛び交う門前は朝早くからにぎわいを見せる。

平成二十三年は親鸞《しんらん》聖人の七百五十回の遠忌にあたることから、例年以上の参詣客が訪れている。

そんな客の空腹を満たすために早朝から営業する『大弥《だいや》食堂』【地図G㊶】。ここのうどんが隠れた人気を呼んでいる。あっさりとした出汁、京都ならではの柔らかなうどん。安価ながらも、本物の味わいが嬉しい。

「甘きつねうどん」、「あんかけうどん」、「きぬかけ丼」に「木の葉丼」。麺類丼、どれも旨いがお奨め一品となると、「しっぽくうどん」だろうか。赤い縁取りのかまぼこ、海苔、湯葉、そして甘辛く煮付けた椎茸が載り、幾分甘みの勝った出汁が絡むうどんは、ほっこりとした味わい。朝七時からの営業だから充分朝食に間に合う。どれもが五百円前後という値段も嬉しく、老若男女、地元客、観光客入り乱れて和気あいあいの雰囲気もいい。日曜定休だけは忘れないよう。

（編集部注：お店の営業時間には変更の可能性がありますので、お出かけ前にはご確認ください。）

『新福菜館本店』の朝ラーメン

京都駅近くに朝早くから行列ができるラーメン店があって、京都人には「たかばしのラーメン」と呼ばれて親しまれている。何故か二軒並んでいて、一軒は『本家第一旭』【地図G㊸】、もう一軒が『新福菜館本店』【地図G㊷】だ。

京都には不思議とこういう両雄相並ぶ、といった光景が見掛けられる。たとえば『今宮神社』の境内で売られる「あぶり餅」の店がそうだ。『いち和』【地図E㉘】と『かざりや』【地図E㉙】。どちらが本家か元祖か知る由もないが、どちらの店も同じような

『大弥食堂』

『新福菜館本店』の中華そば

味わいであることが不思議。「たかばしのラーメン」も右に同じ。比較的似たような見た目、味わいなのである。どういう成り立ちでこういうことになったのか、仲がいいのか悪いのか。誰も詮索せずに、好みの店を決めているのも京都人らしさの表れか。

朝七時半の開店を待ちかねたように店に入って行くのは、夜行バスで早朝に京都に着いた学生たち。

東京からの「ドリーム京都一号」が京都駅に着くのは六時四十分過ぎ。しばらく時間を潰してお腹を空かせて麺を手繰れば、誰もがにんまりと笑顔になる。前著でも紹介したが、とにかくここのラーメンの特徴は黒いスープ。どんなに醤油鹹《から》いかと思いきや、あっさりとした後口で、気が付けば鉢が空になっている。

見た目のインパクトとはまるで違って、優しい味わいは万人に向く。深夜、飲んだ後の〆もいいのだが、なぜか朝ラーメンが旨い。

元は、京都中央卸売市場でひと仕事終えた人たち向けに、早朝営業を始めたと伝わるが、今では観光客の比率がもっとも高い。朝からラーメン？と訝る向きにはぜひとも試していただきたい。食べ終えて箸を置く頃には、きっとこれが京都の味だと気付くに違いない。

『本家尾張屋錦小路店』の朝蕎麦

京都という土地を表すのに〈この前の戦争〉がある。

普通に〈この前の戦争〉といえば太平洋戦争をいうのだが、京都では応仁の乱を指すのだと、まことしやかに語られるジョーク。だがこれがあながちジョークだとは言い切れないのが京都という街。応仁の乱の跡や痕は街中のそこかしこに残り、過去の遺物という感じがしないのだ。何しろ老舗蕎麦店、『本家尾張屋《おわりや》』の創業は応仁の乱のちょうど前の年だというのだから。

『本家尾張屋』錦小路店

『本家尾張屋』は元蕎麦菓子商だったのが、いつしか蕎麦屋に転じた店。烏丸御池近くの古風堂々とした屋敷店はいつもにぎわっている。デパートのレストラン街をはじめ、洛中のあちこちに支店があるのだが、どの店に入っても本店と同じ味わいで、しかも老舗の割には適価であることも嬉しい限り。

名物「宝来蕎麦」をはじめ、「にしん蕎麦」、「鳥なんば蕎麦」とどれも旨いが、この店の隠れた美味が天麩羅。揚げ立て熱々の海老天が載った蕎麦はささやかな贅沢。

この『本家尾張屋』が平成二十二年春に『錦小路店』【地図B⑳】を開いた。先に挙げたメニューも無論健在だが、この店だけのメニューが「錦の朝蕎麦」。

朝九時半からの営業ということで、少し遅めの朝ご飯。もしくは昨夜の飲み過ぎを反省しつつのブランチにもいい。かけかせいろ蕎麦にかやくご飯が付いて五百円。実に良心的な値段だ。

『天龍寺篩月』

洛西の名刹『天龍寺』【地図J】。池泉回遊式の庭園が見事な寺だが、あまりにも有名過ぎるせいか、ここで精進料理を食べられることは存外知られていない。

朝十一時から昼の二時まで。『篩月《しげつ》』【地図J㊼】で予約なしでも食べられる「雪」コース三千五百円也で充分愉しめる。一汁、一飯、五菜といわれる精進料理。素朴さの中にも、きりりと光る料理もあり、下手な京料理店で、ありきたりの会席よりはるかに味わい深い。豆腐、湯葉、野菜。慣れた食材の扱いはさすがである。

食事をすれば、名庭園を散策できるのも嬉しいところ。夏ならではの愉しいブランチ。

『大徳寺一久』の精進料理

盂蘭盆会。もとは釈迦の弟子、目連《もくれん》に因《ちな》む法会《ほうえ》だが、転じて先祖の霊を供養する行事となった。俗にいう「お盆」、京都では先祖の霊を、親しみを込めて「お精霊《しょらい》さん」と呼び、十三日にお迎えして十六日にお送りするまで、毎日献立を変えてお膳を供える。葛をひいた「のっぺ汁」には湯葉、小芋などが入り、出汁も昆布で取り、生臭を避ける。

『大徳寺一久』

「お盆休みにステーキを」、今やスーパーをはじめ、巷では精進など何処吹く風。紫野『大徳寺』から、辛甘鹹酸苦の五味の秘法を受け継ぎ五百年の歴史を誇る『大徳寺一久《いっきゅう》』【地図E㉝】。こんな時代だからこそ名物「大徳寺縁高盛」の清らかさが際立つ。清廉な味わいに身も心も引き締まる。

洛北の名刹『大徳寺』のすぐ傍に店を構える『大徳寺一久』は一休禅師が名付け親とも言われるほどの老舗中の老舗。よく手入れの行き届いた庭を眺めながらの精進料理に心が洗われる。お土産には独特の風味で知られる「大徳寺納豆」を。

四　夏の辛味

ただでさえ暑い夏なのに、なお一層汗を呼ぶ辛味。ある種の逆療法である。汗を止めるのが無意味なほどに暑い洛中。止めるのをあきらめて、いっそのこと、汗を流し切る。旨いが辛い。辛いが旨い。額に玉の汗が浮かぶ。

『鳳飛』の「からし鶏」

何でも京都風にアレンジする都人。中華料理もその例外ではなく、北京、四川、広東、上海。全部を足して四で割って「京」をトッピングすれば「京都中華」ができ上がる。

『飛雲』『平安楼』『大三元』……。かつて都大路には京都ならではの、あっさりとした後口を特徴とする中華料理店があった。あった、即ち過去形で語るしかないのだが、その最後の砦ともいうべき店が洛北、賀茂川の畔に建つ『鳳舞』だった。

高い天井の洋館。どこか大陸的な空気を漂わせる店で出す料理は、広東料理をベースにして、あっさりとした味わい。老若男女、万人に向く味付けで人気を呼んだ。昼時ともなると決まって順番待ちの列ができ、お世辞にも愛想がいいとはいえないその接客の悪さをものともせずに、根気よく待ち続けた都人は数知れず。

惜しまれつつ平成二十一年に閉じたその店の名物はいくつもあったが、その代表が「からし鶏」。四川風に辛味を強めた鶏の唐揚げだ。

鶏のもも肉を一枚まるごと、衣を付けてじっくりと揚げる。それに唐辛子をたっぷり散らした餡《あん》を絡めて食べる。なぜこんなに辛いのか、誰もがそう思いながらも箸が止まらない。まるで麻薬のような料理は、夏の間に一度は食べないと気が済まない、夏の風物詩。

『鳳飛』

その『鳳舞』に勝るとも劣らない味わいで今も人気の店が『鳳飛《ほうひ》』【地図E㉛】。ここの「からし鶏」は『鳳舞』より旨いと定評がある。

街場の中華料理店といえば、その多くが原色をちりばめた派手な店構えで客を誘うが、京都では、ひっそりと地味な佇まいで、民家と見まがうばかりの装いで客を待ち受ける。構えもそうだが、料理もまた控え目を旨とし、あっさりとした味わいが特徴。

炒飯《チャーハン》、酢豚、焼売《シューマイ》など、和食にも通じる控え目な味付けで、都人の舌を喜ばせている。なかで異彩を放つのがその「からし鶏」。

ほどよい酸味と強烈な辛さが胃を刺激し、夏の眠りから覚ます。たっぷりの餡を絡めて、食べ終える頃には、汗が流れ出る。暑気払いに格好の料理。洛北の住宅街にある『鳳飛』へは、わざわざ訪ねる価値ありだが、観光を兼ねるならやはり『大徳寺』【地図E】が近い。こちらも夏にはふさわしい禅寺。朝早く参拝した後に激辛が待っている。

『やまびこ』の「すじカレーうどん」

七年ほども前だろうか。京都ブームが目に見え始めた頃に『京都の値段』というタイトルで上梓した中で、夏こそ食べたい麺として紹介したのが『やまびこ』【地図C㉔】という店の「すじカレーうどん」。爾来その人気はじわじわと高まり、今や行列のできる店としてマスメディアに引っ張りだことなった。

京都の旨いものを紹介することを生業にしていて、いつも悩ましく思うのは、こういう流れだ。隠れた旨いもの、偶然見つけた美味を紹介したいと思うのだが、その結果ブレイクしてしまうと気軽に食べられなくなるのも辛い。きっと常連客も苦々しく思っているだろうと思うと、申し訳ない気持ちにもなる。「余計なこととして……」

人知れず旨いものを出す店があれば、世に知らしめることで応援したいと願うのが人情というもの。誰も知らない美味を知っているという自慢もあって、隠し通すことができずにいる。だが、いつ行っても行列ができていて、やむを得ずあきらめて帰るときは、複雑な気分になるのもまた事実。

『お食事処やまびこ』は今や、『すじカレーうどんのやまびこ』になり、千客万来になってもその味わいは変わらず、どころか、ますます旨さに磨きが掛かっているのは、ご同慶の至り。並んでも食べる価値ある「すじカレーうどん」は七百三十五円。

『お食事処やまびこ』

じっくり煮込んだすじ肉が和風のカレー餡に絡み、うどんにぴたりと寄り添う。うん。この味、この味。何度もうなずきながらその健在ぶりに、思わず笑みがこぼれる。ただ辛いだけでなく、出汁の味がしっかりと舌に残り、上品な味わいはさすが京都と思わせる。京都府庁の向かい側。丸《まる》太《た》町《まち》通に面する店には、わざわざ足を運んでもいいが、観光を兼ねるなら『京都御所』か『二条城』辺りか。〈暑中辛〉で、夏の京都を乗り切るに格好の麺どころ。

五　土用の丑

夏の美味といえばやはり鰻《うなぎ》を忘れるわけにはいかない。平賀源内のキャッチコピーにまんまと乗せられるのも悔しいが、不思議と土用の頃には食べたくなる。うまく考えたものだ。夏の鰻。蒲焼《かば》きもいいが、やはりここはご飯と一緒に掻っ込みたいもの。白焼きで一杯、蒲焼きでもう一杯、ついでに肝焼きで……は、他の季節に譲るとしよう。

『う桶や　う』の「う桶」

祇園花見小路辺り。本通りはいつもにぎわいを見せ、舞妓姿をフィルムに収めようと……、ではなく、データカードに残そうと、デジカメを構える観光客が目に付く。

そんな喧騒を横目に、ひと筋入ると昔ながらの静寂が路地に漂っている。

『祇園甲部《こうぶ》歌舞練場』の向かい側、細道を西に入り、南北に伸びる路地を南に下がってすぐ、「う」の一字が染め抜かれた『う桶や　う』【地図B⑨】の暖簾が、わずかに揺れている。店の中からは鰻を焼く匂いが漂ってきて、思わず鼻をひくつかせる。

靴を脱ぎ、磨き込まれた木の階段をとんとんと上がる。待つこと暫《しば》し。この店を訪ねるのが初めてなら、目の前に現れた器を見て、必ず歓声を上げる。想っていた鰻重とはあまりに違う佇まいだからだ。

店の名が示す通り、鰻重は大きな手桶に入って現れる。小が二、三人前。大だと四、五人で食べられる量。桶の底にはご飯が敷かれ、その上に蒲焼がびっしりと敷き詰められている。この見た目のインパクトはかなり大きい。

『う桶や う』

しゃもじで掬って茶碗によそって食べるのだが、いつかきっとこれを桶ごとかっ食らうのが僕のささやかな夢である。ではあるのだが、早くしないと胃袋が老化して叶わぬ夢となりそうだ。
蒸しの入った江戸風だから、鰻はふわりと柔らかい。甘過ぎず辛過ぎず、ちょうどいい按配のタレが染み込んだご飯が旨い。掬っては食べ、掬っては食べ。名古屋名物櫃《ひつ》まぶしのような変化球は一切なし。潔く、ただひたすらに食べ続ける鰻とご飯。堪能というのは、この料理のためにあることばではないかと思えるほどに、鰻ご飯を味わい尽くす。

『廣川』の鰻重

京都きっての景勝地、嵐山近辺はどこの観光地にもあるような、ありきたりの店が多く、食事時になると、はたと困り果ててしまう。そんな中にあって、ここならわざわざにでも訪ねたいというのが、鰻の『廣川《ひろかわ》』【地図J㊻】。

以前の店から少し奥まった場所に移転新築し、店構えも随分と立派になった。店構えは変わっても、鰻重の姿は以前と同じ。小判形の重箱に、あっさり、ふんわりと焼き上がった鰻が上品に盛られる。幾分硬めに炊いたご飯との相性もよく、さらりと食べられる。

おうおうにして、店が新しくなると味が落ちるものだが、それも杞憂に終わり、満ち足りて店を後にした。

若い頃は少しく頼りないように思えた味も、今ではちょうどいい。こってり、しっかりを望む向きにはいささか物足りないかもしれないが、しつこいものはどうも苦手、な方にはちょうどいい。嵐山観光、嵯峨野散策の折にはぜひ。無論、鰻好きなら、わざわざに足を運んでも決して後悔はしない。

六　夏の涼麵

『サカイ』の冷麵

冷麵というと、関西、特に京都では、関東でいうところの冷やし中華のことを指す。独特の歯応えがある蕎麦粉で打ったそれは、韓国冷麵と呼ぶのが、京都では一般的。普通に冷麵といえば冷やし中華。カンスイの入った黄色い中華麵の上に、胡瓜、ハムか焼き豚、そして薄焼き玉子の細切りをたっぷり載せ、胡麻と醬油、酢を合わせたタレをたっぷり掛けて供される。

「冷麵始めました」との貼り紙は夏到来の風物詩。冬のカキフライと同じく〈始めました〉ものの代表だ。であるのに、この『サカイ』【地図E㉜】では困ったことに、もとい嬉しいことに、年がら年中冷麵がメニューに載っているのだ。

洛北上賀茂。上賀茂神社に通じる御薗橋《みそのばし》通を、賀茂川から西へ。大宮通の手前に『サカイ』はある。一見どこにでもある、街場の中華屋だ。

『ぎをん権兵衛』の「ささめざるうどん」

『ぎをん権兵衛』【地図B⑦】。京都を代表する蕎麦の名店が夏にだけ供する「ささめざるうどん」には、三つの驚きが隠されている。ひとつには、その分量。京都祇園、という土地柄から想像する量を超え、小腹を満たすに充分なこと。ふたつには、見た目のか細さからは考えられないほどのコシ。しっかりとした噛み応えに、うどん本来の香りが滲み出る。三つにそのツユの濃さ。量、質、味。三位一体、「京」のイメージを覆す、しっかりとした味わいに祇園の奥深さを知る。

『ぎをん権兵衛』

大阪は間違いなく「うどん圏」だが、京都は微妙、「蕎麦圏」のようでもあり、「うどん圏」ともいえなくはない。京都のうどんは大阪とはまた違った柔らかさで、コシとは無縁といってもいい。噛むと、くにゅりと崩れ、しかしその瞬間、出汁の旨さが染み出てくる。温かいうどんだとこうなるが、夏場、冷たく冷やしたささめうどんは意外にもコシを感じさせる。幾分濃いめのツユを撥《は》ねつけるようでいて、しかしその実、しっかりと寄り添う。どんなに食欲がないときでも、これならするりと胃袋に収まる。夏ならではの祇園名物。

七　涼を呼ぶ夏菓子

『松屋藤兵衛』の「珠玉織姫」

かくも美しい菓子があるだろうか。この菓子を見るたびにそう思う。掌に載せてころころと転がしてみる。色がいい。形が愛らしい。大きさがほどよい。何より味わいが上品だ。七夕の日の贈り物として人気が高い。

七夕はまた「棚機」とも書き、即ち、機織《はたお》りに因む行事でもある。七夕の夜に輝く星、織姫は古代中国天帝の娘にして機織《きしょく》に長けていたが、しかし夏彦と出会った後、睦まじきにかまけ、機織もおろそかになる。天帝の怒りを買い、年に一度だけの出会いを強いられた。

ふたりの間に横たわる、天の川を思わせる美しい菓子がこの「珠玉《たま》織姫《おりひめ》」。今も機織の音が響く西陣に程近く、『大徳寺』横に暖簾を揚げる老舗『松屋藤兵衛』【地図E㉞】の謹製銘菓。糖蜜

『松屋藤兵衛』

『鍵善良房』くずきり

を丸く固め砂糖をまぶした菓子は雅やかな五色に彩られる。

年に一度、晴れて出会えるならどんなに幸せだろう。羨《うらや》む瞳がいとおしく、丸くすぼめた掌にそっと菓子を乗せ、並んで星空を仰ぐ七夕の夜。

店の近くに建つ『織姫社』【地図E】は織姫に機織りを教えた織物の祖を祀る社。織物の町西陣の守り神として地元に愛される神社は、五代将軍綱吉の母、桂昌院《けいしょういん》が建立に尽力したことでも知られる。その桂昌院の名である「玉」をも想わせる菓子には、織物、織姫、桂昌院と店主のさまざまな思いが籠められている。

『鍵善良房』の「くずきり」

子供の頃、祇園さんへ行く楽しみの大半は『鍵善《かぎぜん》』【地図B⑩】の二階へ上がって、「くずきり」を食べることにあった。信玄弁当を象った見事な螺鈿細工の器は、当時、黒田辰秋《たつあき》の作品だった。店舗改築により、喫茶室は階上から一階奥へ。

当然ながら人間国宝でもある黒田の器が現在は使われるはずはなく、抹茶を思わせる、鮮やかな緑の漆器で供される。いささか趣きは変わったが、それでも黒田作の立派な李朝風家具も健在なら、淡白な葛に甘い蜜が絡む涼やかな舌触りも、変わらぬ味わい。つるりと喉を滑っていく透き通った葛は、まさに甘露。祇園の夏は冷んやり甘い。

『出町ふたば』の「水無月」

出町枡形。かつてこの辺りは洛街の外れであった。京の街と若狭を結ぶ鯖街道はここが終点。多くの若狭人や都人が行き交い、鄙《ひな》と雅《みやび》が微妙に混ざり合う街だった。その名残りからか、今もこの商店街では、他には無い美味が揃う。『出町ふたば』【地図D㉗】の「水無月」もそのひとつ。

『出町ふたば』

行列嫌いの京都人をも並ばせる素朴な菓子は「豆餅」だが、夏のお目当てはこの季節だけの菓子「水無月」。六月三十日に食べるのが決まりごと。決まった日に決まったものを食べるしきたり。一見面倒に思えるが、実は案外気楽だ。

三角形の外郎地に小豆が載る。白、黒、緑とそれぞれ味わいが違うので、健啖家《けんたんか》なら三個一緒に味わう。氷室《ひむろ》から献上される氷、庶民の口に入ることなど夢のまた夢。氷を象った「水無月」なら、手軽に味わえる。和菓子はまた、京の町衆の心意気を表す。

『クリケット』の「グレープフルーツゼリー」

今ほどに、スイーツ、スイーツと騒がなかった頃から、実は京都には、和菓子に一歩たりとも引けを取らない洋菓子の存在があった。その典型がこの『クリケット』【地図F㊵】の「グレープフルーツゼリー」だ。桜の頃には人で溢れる『平野神社』と、西

『クリケット』

大路通を挟んで向かい側。口当たり爽やかなこの菓子を求めて、都人たちがこぞってここを訪れる。

ゼリーと寒天は別物である。寒天なら和菓子だが、ゼリーとなれば洋菓子。だが都人の支持はそんな違いで揺るぐはずもなく、むしろ、この爽やかさ、潔さに拍手を送った。一個が数百円という値段も妥当だ。いくら希少な夏蜜柑の寒天仕立てだからといって、一個が千数百円にもなれば、とてもじゃないが気軽に暑気払いとはいかない。老舗和菓子屋のそれを競って買い求めるのは、金に糸目を付けないセレブたち。大方の都人はあくまで「庶民」なの

である。

『紫野源水』の「涼一滴」

和菓子の王者ともいえる羊羹《ようかん》が苦手になって久しい。子供の頃には羨望《せんぼう》の眼差しで見つめた厚切りの羊羹も、今見ると胸膨れしてしまう。齢を重ねるというのはこういうことなのだろう。牛肉にたとえるなら霜降りの感覚に近い。濃密な旨味は少しだけならいいが、すぐに舌が満ち足りてしまう。脂身を含まない赤身肉と同じく、水羊羹ならあっさりと食べられる。

あるいは「でっち羊羹」。

『紫野源水』の涼一滴

いかにも涼しげな白磁《はくじ》の器に入った『紫野源水』【地図E㉚】の「涼一滴」。よく冷やしたそれを手に取った瞬間から涼しいひとときが始まる。甘さを抑えた水羊羹をぷるんと舌に載せると、ひんやりとした涼風が口の中に吹き渡る。

胡麻《ごま》味も風味豊かで、ふたつくらいなら、ぺろりと平らげる。

食べ終えた器は煎茶碗によし、ぐい飲みによし、と重宝する。

菓銘、大きさ、味わい、京の夏を代表する夏菓子である。

『鳴海餅本店』の「水万寿」

夕闇迫る『鳴海餅《なるみもち》本店』【地図E㊲】。赤飯を手にした老婦人にひとこと。

「奥さん、今日は赤飯でっか」

「へぇ。こう暑いと赤飯くらいしか入りまへんわ」

『鳴海餅本店』

京都の街中に暮らす独り暮らしの老人どうしの会話が続く。

「うちは孫が皆帰ってきてて、おばあちゃん、あれ買うてきて、て頼まれましてん」

と、色とりどりの「水万寿」を二十個、晴れやかな表情で買い求める。

「おにぎやかでよろしぃな。うちとこの孫は帰るどころか、電話一本もおへんわ」

寂しげなことばに、慌てて包みを解き、二個手渡す。

「おひとつどうどす。美味しおっせ」

切ない甘さの「水万寿」は、独り身の辛さを知る者どうしの心を通わせる。

堀川下立売の『鳴海餅本店』。一番の名物は赤飯。お祝い事でなくても、手軽なご飯として赤飯を好物とする都人は多い。店名が示すように、餅や菓子がもうひとつの名物。季節ごとに饅頭菓子がずらりと並ぶ様は圧巻。夏限定の「水万寿」は見た目にも涼やかで、冷やして食べると、ひんやり爽やか。都人ならではの暑さしのぎ。

八　夏飲み

祇園石段下『珈琲カトレヤ』の「アイスコーヒー」

祇園祭。山鉾巡行が終わると、夥しい数の観光客は潮が引いたかのように、すーっとその姿を消す。したがって、日暮れて『八坂神社』を出発し、鴨川を挟んで、三条、四条界隈を練り歩く三基の神輿の存在を知る人はきわめて少ない。

十日の神輿洗い、十五日の宵宮を経て、神霊をうつした神輿こそが、祇園祭が厄除けの神事であることの証。京都の町衆にとっては、神輿が八坂神社に還る二十四日の「還幸祭」が真の「祇園さん」。

祇園石段下。クラシックな佇まいで客を迎える『珈琲カトレヤ』【地図B⑧】。『八坂神社』と同じ水脈の「御神水」を使った珈琲はまさに甘露。「還幸祭」、千人にも及ぶ、汗だくの神輿担ぎに毎夏振る舞うのは店の誇り。

年々その数を減らしていく京都の喫茶店。芳《かぐわ》しき珈琲の香り漂う重厚な喫茶店より、ハーブの軽い空気に満ちたカフェに人気が集まる世相に抗《こう》し切れず店仕舞いした喫茶店は数知れず。そんな中で『珈琲カトレヤ』の健在ぶりは嬉しい限り。アカデミックな空気の中、涼やかなアイスコーヒーで喉を潤す「祇園さん」。

『珈琲カトレヤ』のアイスコーヒー

祇園石段下。『八坂神社』の楼門が朱色を際立たせ、夏の日照りもあって、その暑さに、額の汗が滲み出す。喉の渇きを癒そうとして、自販機でドリンクを買うのは、いかにも京都に似つかわしくない。シックな店構えでひっそりと客を迎える『珈琲カトレヤ』でひと休み、が祇園ならではの憩い。仄暗い店内に入ってまず目に入るのが井戸。涼やかな眺めに目を休ませ、霊験あらたかな『八坂神社』の御神水で淹《い》れたアイスコーヒーで、ひんやりと喉を潤す。

『カフェ・テラッツァ』の昼ワイン

緑濃き『哲学の道』。いかにも涼やかな散歩道だが、それでもやはり真夏は暑い。暑さ凌ぎに格好のカフェが『法然院《ほうねんいん》』の前にある。それが『カフェ・テラッツァ』【地図A⑤】。店の前にテラス席を張り出すスタイリッシュなカフェ。

木陰になる昼下がり。大方のランチ客が立ち去った後が狙い目。三時からはアラカルトメニューをオーダーできるので、ワイン片手に涼やかなひとときを堪能できる。

朝八時からのオープン。ドッグカフェとしての一面もあり、かつ無線LANが備わる。昼下がりのシャンパーニュと洒落込むのもいいし、アイスティーで渇いた喉を潤すのもまた良し。使い勝手のいい店は秋には紅葉狩りの名所にもなる。

『カフェ・テラッツァ』

『上七軒歌舞練場』のビアガーデン

アイスコーヒーはさておき、夏の酒徒《しゅと》の愉しみといえば、何を置いてもビアガーデンだ。

真昼のうだるような暑さは、あくまでこの瞬間のためのプレリュードだった。そう思わせるほどに、ビアガーデンで最初に傾けるジョッキは夏の醍醐味。渇き切った喉に染みわたるビールがなければ、人は何を糧にして夏の一日を働けばいいのだろう。そう

『上七軒歌舞練場』

思えるほどに、真夏の生ビールは旨い。それを実感できるのは夏限定のビアガーデン。

都会のビアガーデンはたいていがビルの屋上にある。だが、さすが京都。機音が響く西陣で、しかも、京都最古の花街『上七軒《かみしちけん》』の舞妓、芸妓が舞い遊ぶ庭に夏限定のビアガーデン【地図F㊴】を作ってしまった。むろん期間限定。本格料理は期待できないが、川床同様、雰囲気を愉しむ場所と割り切ればいい。

七月に入ればオープンし、九月の十日も過ぎる頃には店仕舞い。旧盆期間は休むから要注意。連日、数名の芸舞妓さんたちが笑顔を振りまき、席を回るので、ちょっとしたお茶屋気分も味わえて、中ジョッキ一杯に酒肴《しゅこう》二品が付いたスタートセット千八百円也は、かなりのお値打ちといえるだろう。

『京都全日空ホテル』のビアガーデン

前著で詳述した、今一番お気に入りの京都のホテル。夏場は屋上ビアガーデン【地図C㉕】が人気だ。和洋中、トップクラスのレストランを擁《よう》するホテルゆえ、その料理には定評があり、なおかつ『二条城』を間近に望む、その眺めも絶景といっていい。

豊富なメニューを肴に飲み放題、といわれても、そうそう飲めるものではない。京都の夜景を見下ろしながら、あれは何処だろう、あの森は御所、じゃああのビルは何処？　などと語り合うのが愉しい。

京都駅とを結ぶシャトルバスも、このビアガーデンの営業に合わせて延長運転されるので、泊まらずとも愉しめる。

他にも駅前のホテルには、いくつか屋上ビアガーデンを開設しているところがある。料理は、といえば、まぁ、そこそこ。屋上のにぎわいに身を置くことで、良しとしよう。

京都の街とビアガーデン。意外なほどの好相性を見せる。

『京都全日空ホテル』

第四章　夏の足伸ばし

京と近しい近江

京近江。古くからそう呼ばれているように、京都と近江はひとつに繋がっている。たとえば、京の眺めを代表する比叡山。京の街中から見上げる峰々の多く、都人にも親しまれ、旅人の目を愉しませている眺めは、実は滋賀県に属している。ガイドブックの表紙を飾る、鴨川越しの比叡山。それはじつは京都ではなく滋賀を写しているのだ。

京都にある世界遺産のひとつ『延暦寺』、ここの住所は、京都市左京区と、滋賀県大津市坂本本町とが併記してあるのが、何よりの証左。

それより何より、我々京都市民が日々使う水の多くは琵琶湖疏水の恩恵を蒙《こうむ》っているのだ。京都は水の都といわれるが、井戸や湧き水などを除けば、大半の生活用水は滋賀県の琵琶湖から来ている。京都を旅してホテルに泊まり、汗を流すシャワーのお湯も、朝顔を洗う水も、あれもこれも元を糺せば琵琶湖の水。ついつい忘れがちになるのは申し訳ないことだ。

京都と近江は隣り合っている。地図を見れば明らかなのだが、旅人はそこに結界を作ってしまう。

東海道新幹線。「のぞみ」に乗って東京から来ると、名古屋を過ぎて三十分ばかりで右手に琵琶湖が顔を覗かせる。と、乗客は、そろそろ京都だな、と腰を浮かせ始める。名神高速道路と交差すればすぐに『音羽山《おとわやま》トンネル』に入る。このトンネルの中ほど、ちょうど音羽山の山頂辺りで京都府に入る。トンネルを抜けた頃に車内放送が流れ、京都を目指す客は、網棚の荷物を下ろし、降りる支度を始める。山科《やましな》の街を横切り、『東山トンネル』を抜けると、あっという間に『京都』駅に着く。

時計の針をうんと戻して江戸時代。

東海道五十三次をはるばる越えて、ようやく最大にして最後の宿場、大津宿を発ち、逢坂関を越えれば、京の都。最後の力を振り絞って峠を越えた。険しい山を登り、荒い息を弾ませながら峠に辿り着き、頂きから見下ろす山里は、まるで桃源郷のように美しく見える。

つまり古くは峠を越え、新しくはトンネルを抜け、やっと京都に辿り着く。この感覚が京都に大きな魅力を与えていることは意外に気付かれていない。

——国境の長いトンネルを抜けると雪国であった。夜の底が白くなった——

世に知られた川端康成の名作『雪国』の一節である。

暗く長いトンネル。そこを抜けると誰もがホッとする。そして周りが美しく見える。

——県境の長いトンネルを抜けると京都であった。街の屋根が渋くなった——といった風だろうか。京都という街を渋く輝かせるための舞台装置として、古くは峠、今はトンネルという存在を忘れるわけにはいかず、それが近江という地なのである。

折しも平成二十三年の大河ドラマは「江《ごう》」がヒロイン。「江」といえば、浅井長政と織田信長の妹、お市の方の間に生まれた三女。舞台は当然ながら近江の国。二十二年の「龍馬」に続き、ゆかりの地は注目を浴び、観光客が押し寄せるのは必至。当分の間、近江からは目が離せない。「江」さまゆかりの近江を訪ねる京都旅はヒットの予感。

一　涼を求めて近江八景

地下鉄から浜大津散歩

いつもいつも京都の露払いをさせて申し訳ないなと思いつつ、琵琶湖へ向かう。かつて夏の琵琶湖は京都人にとっての〈ビーチ〉であった。同じ京都府にありながら、日本海は遠い。だが隣の県である琵琶湖はすぐそこにあるのだ。日本一広い湖だから対岸が見えないところもあるし、波だってちゃんと起こる。僕らが子供の頃は、海水浴と言って琵琶湖に連れて行かれても、何の疑問も持たず、はしゃぎまくっていたほどだ。

京から近江へ。いくつもの道筋があるが、〈ビーチ〉に向かうときは琵琶湖疏水を遡る。

起点は京都の中心、地下鉄東西線の『京都市役所前』駅。

京都の地下鉄はわずかに二路線。南北を貫く「烏丸線」と、東西を結ぶ「東西線」。東京や大阪に比べるとその貧弱さは否めない。地下鉄を乗り換えるだけでたいていのところに行ける大都市を羨むことも少なくないが、これも古都ゆえの定めとすればやむを得ないことでもある。

地下鉄に限らず、京都の街中でちょっとしたビルでも建てようとして、土を掘ると、とんでもないものが出現して、工事を中断しなければならなくなる事態は決して少なくない。ましてや地下鉄建設のために掘り返そうものなら、平安京の名残りにあちこちでぶつかってしまう。

そんな難敵をかわしてやっとの思いで開通した地下鉄が、近江と直結しているというのは不思議といえば不思議な話だ。

地下鉄東西線、『京都市役所前』駅から乗って、琵琶湖の湖岸『浜大津《はまおおつ》』まではわずかに二十分の距離である。

わずか二十分間の地下鉄。たとえば地下鉄銀座線でいえば、新橋から浅草までと同じ程度の所要時間。ということは、東京の感覚でいえば、都内のすぐそこへ行くのと同じ。今回、京都歩きに琵琶湖を加える大きな所以である。

京都紹介は本書から、広域京都へと範囲を広げる。東京二十三区と重ねれば、近江は勿論、奈良、若狭もその範囲に入る。文化的、地理的にも密接な繋がりを持つ土地に足を運ぶことで、はっきり京都という街が浮かび上がるはずだ。

浜大津の街並み

夏旅で大事なのは早起き。朝涼しいうちに動いておきたい。当然ながら琵琶湖へ向かうのも早朝がいい。七時二十分に『京都市役所前』駅を発つ地下鉄に乗ると、『浜大津』に着くのは七時四十四分。これくらいならまだ涼しい。

東西線は京阪京津《けいしん》線に接続して、『山科』からは地上を走る。『追分《おいわけ》』を過ぎ、かつての逢坂関を越えると、琵琶湖はもうすぐ。

『浜大津』の駅からは空中デッキを通って『大津港』へと辿る。港から東へ伸びる湖岸沿いは『なぎさ公園』と名付けられ、格好の散歩道となっている。『近江大橋』までは片道約三・五キロ。往復七キロの道程だ。おおよそ一万歩。普通なら二時間もあれば歩ける距離だ。

かつては湖西にあって、琵琶湖の迎賓館とも呼ばれる名建築だった『琵琶湖ホテル』も移転とともにすっかり様変わりして、明るいモダンな建物を湖面に映している。しばらく歩くと、綺麗なカーブを描く屋根が印象的な建物に出会う。これは『滋賀県立芸術劇場びわ湖ホール』。日本では珍しい四面舞台を備えた大ホールでは、オペラも度々上演され、西日本屈指の舞台と評価が高い。アーティスティックな外観からもその意気込みが窺える。

湖にはヨットの帆が並び、ゆらゆらと揺れる。明るい空と海。遠くに聳える比良の峰々。京都の街中では決して得られない開放感を存分に味わう。

しばらく歩くと今度はミラーを壁面に貼り付けた円柱形のビルが見える。『大津プリンスホテル』。高さ百三十三メートル、三十八階建ての高層ホテルはもちろん滋賀県一の高層建築である。手掛けたのは丹《たん》下《げ》健《けん》三《ぞう》。二十年も前に建った頃には物議を醸したが、今ではすっかり琵琶湖に溶け込み、ランドマークとなっている。ここら辺りが折り返し地点。『近江大橋』を眺めたら、浜大津へ戻る。

『なぎさ公園』の散歩道

京都旅なのにミニクルーズ

せっかくの琵琶湖。船に揺られてみるのも一興だ。夏の「モーニングクルーズ」は十時に『大津港』【地図K】を出航する。それに間に合うように散歩の距離を調節すべし。

「ミシガン」

「ミシガン」と名付けられたショーボートで八十分ほどの船旅。琵琶湖の南湖をぐるりと辿る。船上に吹き渡る風は海と違って潮気もなく、爽やかに頬を撫でてくれる。乗船料は二千七百円。高いといえば高いし、安いといえば安い。船遊びというのも滅多に経験できないことなので、一度は乗っておきたい。

船旅というのはいつも魅力的だ。老後は豪華客船に乗って世界一周、とは多くの夫婦が描く夢ではないだろうか。そこに必要なのは時間とお金。つまりは余裕がないと愉しむことができないのが船旅。せめて、琵琶湖のミニクルーズで叶えたいもの。

琵琶湖は堅田と守山を結ぶ『琵琶湖大橋』で、南と北に分けて呼ばれる。「ミシガン」の「モーニングクルーズ」は、南湖をぐるっとひと回りする。

汽笛が鳴り、港に並ぶスタッフの見送りを受けて出航。気分だけは外洋クルーズだ。船は十九世紀のアメリカ南部をイメージして造られた外輪船。バシャバシャと湖水を撥ねて進む。出航の銅鑼を鳴らすのは乗客の役割になっているようで、クルーズ気分を盛り上げるイヴェントのひとつ。琵琶湖大橋の手前で折り返した頃には、カントリーミュージックのショータイムも始まり、気分はまさにアメリカン。大津がシカゴに見えてくる……、かどうかは人さまざま。ランチクルーズや、夕景から夜景までを愉しめるディナークルーズもあり、京都からひと足伸ばして、琵琶湖の涼風を頬に受けるのも夏ならではの京都旅。

ランチには近江牛としじみめし

一時間半にも満たないミニクルーズ。『大津港』には十一時二十分に戻ってくる。ここで琵琶湖に別れを告げて、京都に戻るのも選択肢のひとつだが、余裕のある京都旅なら、もう少し近江を逍遥したい。

まずは腹ごしらえを。港のすぐ前にある『浜大津アーカス』。ここの三階にある『焼肉やさか』【地図K㊾】がお目当ての店だ。

近江といえば『近江牛』。日本三大和牛のひとつとして誉れ高い牛肉をぜひとも味わっておきたい。

日本三大和牛とは、「近江牛」、「神戸ビーフ」、「松阪牛」の三つをいい、いずれも但馬《たじま》牛《ぎゅう》を素牛とし、黒毛和種であることが条件である。

京都人の牛肉好きはつとに知られたところだ。カツといえばビフカツ。カレーはもちろんビーフカレー。氏育ちのいい牛肉は当然ながら高級品だが、それを手軽に味わえるのがこの『焼肉やさか』。

『焼肉やさか』

ランチ限定、しかも一日三十食という制限はあるが、「近江牛丼」千円也はわざわざ足を伸ばしてでも食べたいお値打ち丼。おひとりならカウンター席もあるので気楽に味わえるが、カップルで訪れたなら琵琶湖を間近に望むカップルシートがお奨め。
時間にゆとりがあるなら、腰を据えて「昼焼肉」も悪くない。昼からビールと焼肉。それも「近江牛」とくれば何とも贅沢。多少値は張るが、それでも京都市内に比べるとかなりのお値打ち。「近江牛」の極上カルビとロースは舌の上でとろけ、目の前には琵琶湖の水面が広がり、時折り噴水が上がる。眼福、口福。まさに至福のひとときだ。

余談になるが、この店の名と四つ葉のクローバーのロゴマーク。京都人ならすぐにピンと来るはず。京都市内を縦横無尽に走り回る「ヤサカタクシー」と同系列の店なのだ。京都で老舗の「ヤサカタクシー」の行灯《あんどん》は三つ葉のクローバー。中に何台か四つ葉の車が走っていて、それに乗ると幸せになれるとか。中にはわざわざ探して乗るという酔狂なご仁《じん》もおられるようだが、この店に来ればいつでも四つ葉に出会えることを教えてあげたい。

アフターランチに訪れたいのが『石山寺《いしやまでら》』【地図K】。

『浜大津』駅から石山坂本線に乗れば、十分あまりで『石山寺』駅に着く。駅から歩いて五分ばかり。夏の『石山寺』を訪れる参拝客は少なく、長閑な近江の寺といった風情を湛えている。

ここ『石山寺』の門前には『湖舟《こしゅう》』【地図K㊿】という店があって、ここの「しじみめし」は門前名物として広く知られている。先の「近江牛」と併せて覚えておきたい店だ。端から『石山寺』まで足を伸ばすつもりなら、あるいは牛が苦手ならば、ここで昼餉にしてもいい。

なぜ「しじみめし」かといえば、この『石山寺』のすぐ傍を流れる瀬田川産のシジミをセタシジミといい、この近辺がセタシジミの本場だからである。

鯨だの、クロマグロだのは、絶滅危惧種だといって世界中、大騒ぎするのだが、春の珍味ホンモロコや、寿司のルーツ、鮒寿しの原材料となるニゴロブナ、そしてこのセタシジミなどの湖産物は、誰も騒いでくれない。しかしこれらは歴とした、絶滅を危惧される湖の幸。絶えることのないよう祈るばかりだ。

さてセタシジミ。釜めしの器で供される「しじみめし」には残念ながらその希少さゆえ、使われていない。だがあきらめるのはまだ早い。添えられた赤だしには琵琶湖産のセタシジミが使われているという。

小さな貝殻から、小さな身を外す。凝縮された貝のエキスが、こっくりと胃の腑に沁みわたり、ちまちまと、しみじみと旨いのである。

『石山寺』と近江八景

『源氏物語』ゆかりの寺として、源氏千年紀には大いに盛り上がりを見せた『石山寺』はまた花の寺としても知られ、六月頃、「無憂園」の池には多種多様な花菖蒲《しょうぶ》が可憐な花を咲かせる。池泉《ちせん》回遊式庭園も見ものだが、広い境内はちょっとした小山の趣きがあり、暑さに辟易していなければ、ゆっくりと散策したい。

夏の陽射しをたっぷり受けた瀬田川を眺めながら、「東大門」を潜る。滋賀県最古の木造建築といわれる「本堂」、源頼朝の寄進によって建立された日本最古の「多宝塔」は、なんとも優美な造形である。

「源氏の間」と名付けられた部屋には、紫式部をモデルにした十二単の人形が置かれ、源氏気分を盛り上げてくれる。かと思いきや、逆に夢が覚めてしまうようにも感じられる。人形はあくまで造り物だからだ。

この辺りが、京都と滋賀の違いである。第一章でも記したように、京都という街のしたたかさは、旅人の想像力をうまく利用しているところにある。平安京の遺物をずらりと並べるのではなく、その〈匂い〉を随所にちりばめることによって、まるでそこに平安の都があるように見せる術を、京都は熟知している。

もしもこの小部屋を京都流に演出するなら、たとえば襖の向こうから、紫式部を思わせるようなナレーションを流し、香を炷《た》き、煙をくゆらせる。旅人はそこに思い思いの紫式部を頭に描く。イメージは限りなく膨らみ、『石山寺』に平安の昔をきっと見つけることだろう。

平安の世。山国京都に住まう都人にとって、開放感溢れる琵琶湖の浜は、どんなに魅力的に映ったことだろう。観音信仰が全盛だった平安京。逢坂山を越え、大津の浜から船に乗って、石山に着く。気分転換には格好の小さな旅だったに違いない。

『石山寺』月見亭

瀬田の夕景

京の都から近江へと辿り、琵琶湖の水面に目を休ませ、古跡に遊ぶ。今に始まったことではないのである。

瀬田川を望む「月見亭」など、他にもこの寺の見どころは多い。この寺に月は欠かせない。紫式部は月を見て、『源氏物語』を思いついたというのだから。叶うなら月の出まで待ちたいところ。「近江八景《はっけい》」の第一は「石山秋月《いしやまのしゅうげつ》」。

中国北宋時代に選定されたという『瀟湘《しょうしょう》八景図』になぞらえて、琵琶湖の南部から八箇所の名所を選んだ「近江八景」。第二は「瀬田夕照《せたのせきしょう》」。石山寺のすぐそばで見られる。

琵琶湖に注ぐのではなく、琵琶湖から注ぎ出るのは瀬田川ただひとつ。その瀬田川に架かる『瀬田大橋』がその舞台。日本三名橋とも、三古橋とも賞される『瀬田大橋』。ずらりと連なる擬宝珠《ぎぼし》が見事。歌川広重描く『瀬田夕照』と同じ光景が今も見られる。

首相も琵琶湖へ？

と、この項をここまで書いてきて、我が意を得たり、と、にんまりする記事を新聞に見つけた。

朝刊を開いて、まず目を留めるのは天気予報、次に一面下のコラム。朝日新聞でいうと「天声人語」。その次に読むのが二面か三面の下段にある「首相動静」である。

朝起きてから、何処へ行き、誰と会って、何処で昼食を摂り、と連綿と事実だけを書き連ねたもの。何時に起きて、何時に官邸、もしくは私邸に戻るのか、あるいはホテルに泊まるのか。日本の首相の動向がひと目で分かる。

文士の日記同様、これが実に興味深い。意外な人脈が出てきたり、思いもかけない店で食事を摂っていたり、と毎朝面白がっている。

政権が代わってから尚一層面白くなってきた。「へーっ」が増えてきたからである。その最たる「へーっ」が桜満開の頃に載った。

四月三日。首相は七時三十三分東京発の「ひかり503号」で滋賀県米原に向かった。九時四十九分に『米原』駅に着き、東近江市を視察して八日市へ。ここで昼食（店は不明）を摂った後、後に紹介する草津市の『県立琵琶湖博物館』を見学。午後三時四十三分『草津烏丸半島港』発の「ｍｅｇｕｍｉ」に乗船し、ミニクルーズを愉しんで四時十二分、『大津港』に着いている。浜大津の『琵琶湖ホテル』に立ち寄った後、夕刻、京都に入った。ここでの目的は久々の〈小鳩会談〉だったが、それは置く。仲介役を間にして夕餉を摂った後、夜八時五十二分『京都』駅発の「のぞみ62号」で帰京の途に着いた。

きな臭い話はどうでもいい。注目すべきは首相の動き、アクセスである。まさに「京近江」を実践しているのである。

四月三日といえば、折しも京都の桜は満開。都の花見には願ってもない日だった。しかもどうやらこの日の最大の目的は、夜の京都会談にあったようだ。となれば、普通なら、東京から京都に直行して、桜の名所を巡って、となるのが普通だろう。

仮にこれを普通の旅人に置き換えてみれば一目瞭然。桜の季節に、京都で夜の会食があれば、百人が百人、朝から京都に入って桜三昧を愉しむに違いない。まさかの「ひかり」、まさかの「ｍｅｇｕｍｉ」である。

時の総理のことだから、きっと政治的な目的があったのだろうが、それにしても、京都を訪ねるのに、琵琶湖を経由したことに驚くと同時に、この項をまとめるのに、背中を押された気がして、いつもより念入りに記事を目で追った。

話を「近江八景」に戻す。

第三は「粟津晴嵐《あわづのせいらん》」。今の大津市晴嵐一丁目辺りの眺め。海沿いをも思わせる松林は、今もその名残りを留め、『なぎさ公園』へと続いている。ミニクルーズの後に散策するのもいい。

そして次なる第四が「矢橋帰帆《やばせのきはん》」。矢橋は今の大津市と草津市のちょうど境目辺り。『矢橋帰帆島』は公園として整備されている。かつてはここから船に乗って、東海道をショートカットしたことから、湖岸の港町として栄えたところ。

『矢橋帰帆島』

遠く対岸には比良の峰々が連なり、矢橋への帰港を急ぐ船の帆が湖面を滑っていく。そんな眺めだったのだろうが、今は沖合にウィンドサーファーたちの帆がゆらゆらと揺れている。

第五以降は湖西の景色、また違う季節に譲るとして、矢橋から湖岸沿いに北東へ進むと、やがて烏丸半島に行き着く。葦が原生し、琵琶湖真珠の養殖場があったりする、琵琶湖に突き出す三角形の半島。

近江八景の頃には存在していなかったのだろうが、もしも今選ぶなら、その筆頭に挙げられるだろう眺めがある。そしてその、この世のものとは思えぬ絶景は夏だけに出現するのだ。

夏の足伸ばし。次は琵琶湖に浮かぶ夏ならではの極楽浄土。

二　夏ならではの「美」——琵琶湖に浮かぶ蓮

蓮と極楽浄土

最寄駅は『草津』駅。ここからバスで辿るのが一般的なアクセスだが、夏場だけの愉しみは、琵琶湖を船に揺られながら、辿る道程。四月末から秋口までの日、祝日限定だが、夏休みの間は土曜日も運航される。時の総理も辿ったアクセスを逆に辿る。

『大津港』を朝九時半に出航して、十時二十分に『草津烏丸半島港』に着く。往路としては一日にこれ一本だけなので、復路に利用する方がいいかもしれない。その場合は夕方四時二十分に『草津烏丸半島港』を出て、『大津港』に五時十五分に着く。夕凪の琵琶湖、湖面を滑るのも一興。

蓮《はす》の花は朝早くに開く。できれば早朝に『水生植物公園みずの森』【地図K】を訪ねたい。

第五章で詳述する『ホテルボストンプラザ草津』に泊まると尚一層便利だが、京都泊まりでも、充分可能だ。『草津』駅西口を午前八時ちょうどに出発するバスがある。これだと八時二十四分に『琵琶湖博物館』停留所に着く。目指すは蓮の群生地だ。

バス停から正面ゲートを潜り、メイン施設である『ロータス館』は後回しにして、まずは湖岸の蓮群生地に急ぐ。蓮の花は朝早ければ早いほど美しいからだ。

七月から八月に掛けて咲くのだが、最盛期は七月下旬から八月初旬頃。湖面を覆い尽くす緑の葉の間から、淡い紅色の花が顔をのぞかせる。湖面を渡ってくる風に乗って、ノーブルな香りがほんのりと漂う。この世のものとは思われぬ美しさは、桃源郷ならぬ、蓮源郷。

如来像の台座は蓮の花を象る蓮華座。目の前の湖に、まるで無数の如来が、頬をほんのり染めて微笑んでいるようだ。

『みずの森』に咲く蓮

泥水の中から、すっくと茎を伸ばし、奇跡のように清浄な色と形の花を咲かせる。ゆえに仏教では蓮の花は、仏の慈悲を象徴するものとされ、さまざまな意匠で寺院を彩っている。

一蓮托生という言葉がある。これは人が死んで後、極楽浄土に往生して生まれ変わったなら、同じ蓮の花の上にその身を捧げるという思いを表したもの。この時期、お盆を前にして、蓮の花が一斉に開くというのも不思議な因縁ではある。

間近に蓮の花を眺めたなら、半島の先にある芝生広場へ向かう。

「ハス祭り」の期間中なら、ここで「象鼻杯《ぞうびはい》」が体験できる。「象鼻杯」とは文字通り、長い蓮の茎を象の鼻に見立てて、葉に注いだお酒を吸い飲むというもの。中々に風流である。

「ハス祭り」は年によって開催日が異なるので、必ず問い合わせを。

「象鼻杯」がなくとも充分愉しめる。『蓮見岩』から蓮の群舞を見渡し、『ロータス館』で花を開かせる大輪の朝顔、熱帯の水蓮を眺める。いかにも夏らしい涼やかな花は、見ているだけで、暑さが和らぐ。

『ロータス館』、もうひとつの見どころは、アトリウムに植わる「仏教三大聖樹」。

無憂樹《むゆうじゅ》、印度菩提樹《ぼだいじゅ》、沙羅双樹《さらそうじゅ》がそれだ。

三大ナントカというのは意外にこじつけが多く、実際目の当たりにすると、「なーんだ」というものも少なくない。だがこの「仏教三大聖樹」は厳かな気持ちにさせられる。

なぜこの三つなのかというと、無憂樹は、お釈迦さまが生まれたところ、印度菩提樹は悟りを開いたところ、沙羅双樹は入滅したところ、にそれぞれ生えていた木だからである。つまりは一種の記念樹。

夏真っ盛りの京都。人々は先祖を迎え、そして送る。その行事と間近に接することが、夏京都のハイライトだとすれば、その背景にある極楽浄土の存在をも見ておきたい。そのひとつがここ、近江は烏丸半島なのである。夏の足伸ばしに、琵琶湖の畔、烏丸半島をお奨めするのは、こういう理由からである。

そしてもうひとつの極楽浄土は、京都の南、宇治の地にあるのだが、それは季を改めて。

琵琶湖のルーツを学ぶ

『水生植物公園みずの森』に隣接して建つ『琵琶湖博物館』【地図K】もぜひ観ておきたい施設。

井戸水やミネラルウォーターを使用している店もあるだろうが、基本的に京都の「水」はほぼすべてが琵琶湖疏水の恩恵を蒙っている。京料理といえども、京漬物であっても、その味わいを決める「水」は琵琶湖から来ているのだ。この『琵琶湖博物館』では、そのルーツを辿ることができる。

二億五千年も前の琵琶湖から始まり、湖底の遺跡、湖上交通の歴史など、分かりやすい説明と興味を引く展観で、客を厭きさせることがない。中でも竹生島周辺の水中を再現したという、水槽は圧巻。直径三メートルほどの、ガラスのトンネルを潜る間、琵琶湖水中散歩気分を味わえる。ビワマスやイワトコナマズが現れると、あちこちから歓声が上がる。海とはまた違い、その泳ぎ方もどこか優美に見える。

他にもいくつか水槽があるのだが、「ふれあい水槽」という体験型が面白い。水槽の横に手を入れるための穴が開いていて、手を入れて魚に触れることができるのだが、水槽に穴が開いているのに、なぜ水が漏れないのか、ちょっとした不思議もあり、泳ぐ魚に触れるのも小気味いい感触だ。

屋外には太古の森や、生態観察池、田圃や畑などが、広い敷地内に点在している。日本の原風景はどこか懐かしい。夏の田舎は、夏休みに繋がり、子供の頃の記憶が蘇るからだろうか。夏の陽射しは強いが、適度に木陰もあり、湖を渡ってくる風が心地よく、のんびりと散策を愉しめる。

京都市内を流れる琵琶湖疏水

近江草津の旨いもの——琵琶湖の味

早朝からの観覧と散策。そろそろお腹の空く頃。この『琵琶湖博物館』には少しばかり異色のミュージアムレストラン『にほのうみ』【地図K㊽】が併設されている。高い天井までの大きなガラス窓が開放感を演出するレストランには、他では決して味わうことのできない珍しいメニューがある。

先の展観で、琵琶湖固有の品種が絶滅の危機に瀕していることを知った。京料理でも珍重されている「ホンモロコ」や、日本の寿司の原型とも言える〈鮒寿し〉の材料となる「ニゴロブナ」は減り続けているとあった。そしてその天敵となっているのが、外来魚。スポーツフィッシングと称して、琵琶湖に放されたブルーギルやブラックバス。

獰猛《どうもう》な外来魚に掛かれば、日本の優美な湖魚など、ひとたまりもない。このままいけば、琵琶湖の生態系は破壊されてしまう。遊び半分で始まった釣りが、近江、京都の食文化を壊してしまう。そんな怖れから、琵琶湖では、外来魚のリリースを禁止しているのだが、繁殖力の強い外来魚は、そんな程度のことでは減るどころか増える一方。外来魚駆除釣り大会なども開催されているが、それでも追い付かない。ならばいっそ食ってやろう、というのが、このミュージアムレストランの狙いだ。

世にも珍しいバス料理は、意外にも和風の味付け。おそるおそる試してみたのは「バス天丼」八百八十円也。見た目はちょっとヒレカツ風だが、口に入れると白身魚の天麩羅そのもの。スズキ系だというバスは実に淡白な味わいで、微かに川魚っぽい香りが鼻先をかすめるが、黙って出されれば、誰もが海の幸だと思うだろう、クセの無い味。モロコを守るためなら喜んで食べようではないか、という味わいで、意外にもすんなりと口に合った。

「バス天丼」

いきなりそこまでは、と尻込みする向きには、バスの天麩羅が入った「近江御膳」が最適。松花堂弁当箱に、鴨ロース、鰻、ゴリ、ヒレカツなどが品よく収まっている。それすらダメなら、「近江牛コロッケバーガー」という変わり種ながら、魅力的なメニューもある。京都では決して味わえない地場の料理、足を伸ばした甲斐があるというもの。

近江、分けても湖東には旨いものが目白押しなのだが、夏のお奨め、草津に限っての美味をいくつか。

草津といって、関西人なら誰もが思い浮かべる味といえば『うばがもちや』【地図K(51)】

の「うばがもち」にとどめをさす。「うばがもち」は、姥が餅である。

話は戦国時代まで遡る。近江源氏である佐々木一族は、信長に滅ぼされ、散り散りになった。その中に三歳になる六角義賢《ろっかくよしかた》の曾孫もいた。義賢は臨終の際にその幼児を心より託せる人がいなかったので、乳母を招き、後を託し、息を引き取った。

乳母は約束を守り、故郷草津に身を潜め、幼児を抱いて、餅をつくっては売り、養育の資として質素に暮らした。そのことを周囲の人たちも知り、乳母の誠実さを感じて、誰いうことなくその餅を「姥が餅」と言った。

餅、餡子で姥の乳房を表した愛らしい菓子は素朴な味わい。ひと口にも満たない小振りな大きさが、今の時代にふさわしい。スイーツということばから遠く離れた和菓子は、いかにも宿場町の名物。

「うばがもち」

「近江ちゃんぽん」と「あおばな」

スイーツと並んで、今人気の〈食〉といえばB級グルメ。麺や丼。ひと皿完結主義のローカルフードは、おひとりにもぴったり。

日本各地の精鋭が競い合うB級グルメの一角に食い込んでいるのが「近江ちゃんぽん」だ。『草津』駅東口の目の前に店がある。

ちゃんぽんといって誰もが思い浮かべるのは「長崎ちゃんぽん」。一見したところ、さほどの違いは見受けられないが、食べれば一目瞭然。まったく別の食べ物だ。

出汁は完璧に和風。あっさりしたスープにたっぷりの野菜が胃に優しい。塩味かといえば、そうでもなく、醤油味かというと、そうも思えない。濃いめの吸い物、もしくは中華風のうどん出汁。

「近江ちゃんぽん」と炒飯のセット

クセになる味とはこういうスープのことをいうのだろう。二日酔いの朝には格好の麺。

彦根が発祥だという『ちゃんぽん亭総本家』【地図K㊾】は滋賀県各地に支店があり、どこも大勢の客でにぎわっている。

半分ほど食べたところで、カウンターに置かれた酢を入れるのがこの店流。たしかに味がまろやかになり、また箸が進む。と、しかし僕はここではたと思いつく。もうひと味加えてみよう。ラー油である。店のメニューでは二段階変化だが、ラー油を加えることで三段階の変化を愉しめる。まるで名古屋名物「ひつまぶし」のように。

あんかけ、激辛、味噌と、ちゃんぽんのバリエーションは豊富にある。僕のお気に入りは「カレーちゃんぽん」。ほどよい辛さと香ばしさで、あっという間に食べ終えてしまう。サイドメニューの炒飯や唐揚げも侮《あなど》れない。半炒飯と、半ちゃんぽんのセット八百八十円が一番のお値打ち。誰もがちゃんぽんを、近江の名物と認める日も近い。

草津といって、もうひとつ。忘れてならないのは「あおばな」。

古く万葉の頃、大陸から琵琶湖を通って、この地大津京に運ばれ根づいた「あおばな」は長い歴史を持つ。目の覚めるようなコバルトブルーの花は、染物の原料として珍重された。平安の都でも青、紫は貴族の印であったから、都人は競ってこの「あおばな」を手に入れたという。露草、青花、月草として歌に詠まれた。

「あおばな茶」ペットボトル

時代は移り江戸前期、京都で宮崎友禅斎が始めた友禅染の下絵材（青花紙）として使われるに至ったのは、ひとえにその発色の良さ。水に溶けやすく色鮮やかな「あおばな」は一躍、草津の一大産物となった。

明治後期から昭和初期にかけて最盛期を迎えた「あおばな」栽培も、時代の波とともに衰頽の一途を辿り、絶滅の危機に瀕したが、平成の今日再び「あおばな」が脚光を浴びることになったのは、その成分が健康食品としての要件を満たしていたからである。薬事法の問題で、効能として謳《うた》うことこそできないが、血糖値の上昇を抑え、抗ウイルス作用があり、ダイエットにも効果的であるともいわれている。

その「あおばな」を使ったお茶がペットボトルに入って、草津で売られている。草津へ来たなら一度は飲んでみてほしい。薬草のような苦みも臭みもなく、すっと喉を通るお茶は、飲んで美味しい。日本にはまだまだ知らないものがたくさんある。「あおばな」がそれを教えてくれているようだ。

三　鮎を求めて夏の小旅

レンタカーで鯖街道へ

琵琶湖南岸から離れ、次は三ツ星の鮎に出会う旅を。

☆☆☆の鮎を堪能しようとすれば、京都から少しばかり足を伸ばさなければならない。いや、少しとは言い難い。かなり遠出をすることになる。だが、これを旅ととらえれば、また別の愉しみが生まれてくる。

洛中から洛北を越え、鯖街道を遡る。鯖街道とは、古く若狭の海で揚がった魚、主に鯖を都まで運んだ道筋をいう。

「京は遠ても十八里」。鯖街道の起点、若狭小浜《わかさおばま》の石碑にそうあるから、概ね七十キロほどの道程だった。時速四キロで歩いたとして、丸一日を要しただろうことは想像に難くない。途中で一泊するために宿場がいくつかできた。京都、若狭、近江にまたがる地、葛川《かつらがわ》もそのひとつ。葛川は鯖街道のちょうど半ば。となれば九里、三十六キロくらい洛中からは離れているということ。この葛川に目指す鮎の名店がある。

洛中から三十六キロとなれば、ちょっとした旅。京都に来て、京都から旅に出る。これもまた愉しからずや、だ。

アクセスは大きくふたつ。ひとつは路線バス。鯖街道の終点、『出町柳』からわずかに一日二本だが京都バスが出ている。『朽木学校前』行きに乗っておよそ一時間で『坊村《ぼうむら》』というバス停に辿り着く。そのすぐ前にあるのが『比良山荘《ひらさんそう》』【地図K㊸】。京都は無論、大阪、神戸から鮎好きが季節になると、足繁く通う店である。

一日二本のバスは主に山登り客の足なので、出発が早い。七時四十五分に『出町柳』を出て、八時四十一分に『坊村』に着く。鮎を食べるにはいかにも早過ぎる。二本目は十四時五十五分発と、遅過ぎる。当たり前のことだが、鮎を食べる客のために組まれた時刻表ではない。タクシーを奮発すれば数千円。往復一万円を超える。

ここで浮かび上がるのが、もうひとつの選択肢、レンタカーだ。コンパクトタイプのレンタカーだと、十二時間借りて数千円。タクシー片道分で事足りる。レンタカーのもうひとつの利点は、この店だけでなく、周辺の観光をも兼ねられることだ。

朝一番に借りれば夜までたっぷり使える。鯖街道を遡って若狭小浜へ行ってから、昼に戻って、『比良山荘』で食べる。そして腹ごなしに店の近くを散策するのがいい。比叡山の阿闍梨さまの修行、千日回峰行と繋がりの深い『明王院《みょうおういん》』【地図K】がすぐそばにある。

この寺の夏の行事が「夏安居《げあんご》」。夏の安居。安居とは、修行僧たちの集団修行をいい、荒行の途中の阿闍梨さまはこの葛川の地を訪れ、『明王院』に参籠《さんろう》する。夏安居は七月十六日から二十日までの五日間にわたって行われ、百日回峰《かいほう》行、千日回峰行の行者によって、滝修行や断食修行などが古来の作法に則《のっと》ってなされる。百日回峰行は葛川での夏安居に参加しなければ満行とは認められないという。七月十八日の深夜には、ハイライトともいえる「太鼓回し」という行事が行われる。これは、この寺の開祖ともいえる相応和尚《そうおうかしょう》が滝壺に飛び込んだ故事に因んだ行事。滝壺になぞらえた大太鼓に、行者が次々と飛び乗って、飛び降りるもの。勇壮といえば勇壮だが、一見ユーモラスにも見える。

洛中ではコンチキチン、祇園囃子が響き渡るが、都を遠く離れた葛川では、こんな行事が行われている。ここは行政区としては滋賀県に属するが、どこかしら、都の空気を漂わせている。

これぞ三ツ星の鮎

『比良山荘』はただ料亭だけでなく宿でもある。つまり泊まれるわけだ。

『明王院』の「夏安居」を観るならここに泊まるのもいい。鮎をたっぷりと食べ、夜更けて午後十時も回った頃から始まる行事『夏安居』を見物していると、山中から物の怪《もののけ》が出てきそうに、妖しい幽玄の世界に引き込まれる。山鉾巡行を見届けて、鯖街道を遡るのが真の京都通。

さて『比良山荘』の鮎。これはもう、食べてみないと分からない。鮎の塩焼きというのは、こんなに旨いものなのか、と食べる度に改めて感じ入る。それほどに旨い。大きさといい焼き方といい、これ以上は望むべくもない、最上級の味わい。足を伸ばす価値は十二分にある。

夏から秋限定の、その名もずばり、「鮎食べコース」がいい。鮎の熟れ寿しや、アマゴや川ゴリなど、山里の恵みを品よく盛った「八寸《はっすん》」から始まり、定番「鯉の洗い」に続いて、メイン料理、若鮎の塩焼きが笹を枕にして並ぶ。手掴みに限る。頭からがぶりとやる。しっかりと火が通っているから、骨も頭もすべて食べられる。一瞬、青い香りが通り過ぎ、はらわたの苦みが舌に染みわたる。二匹、三匹はあっという間。自然と顔がほころんでくる。

どんなに幸せかといえば、これが実は不幸なこと。一旦これを味わってしまうと、他で鮎を食べる気がしなくなるからだ。鮎そのものもだが、店の中を流れる山里の空気、適度に雅な器遣いや設え、そして何より、緑豊かな眺め。

夏の幸、鮎を食べるにこれ以上のシチュエーションはない。〆の鮎めしを食べ終えて、さて来年の予約を。いやいや、落ち鮎を愉しみに秋口に再訪を、となるのが『比良山荘』の帰り際。京都旅のもうひとつの愉しみである。

第五章　京の夏泊まり

進化する宿は「女性」と「おひとり」に優しい

京都のみならず、旅をしようとして目的地が決まれば、まず最初に決めるべきは宿の選択。ホテル、旅館、それぞれに良さもあり、難点もある。旅の目的、連れ合いに合わせて選べばいいのだが。

今、宿はどんどん進化し、かつ多様化している。その最たる理由は女性の社会進出である。「女性も」という社会から、「女性が」に変わりつつあるのだが、それをいち早く察知し、対応しているのが宿泊業界。

日本旅館はホテルに先んじて動いた。女性向けのプランを作り、かつては男性用と比して圧倒的に狭かった女性用大浴場を男性用と逆転させてしまった宿も少なくない。ついには女性専用の日本旅館まで誕生するに至り、今や日本旅館の主たる客は間違いなく女性である。

宿の中で出遅れた感があるのはビジネスホテル業界。オジサンを相手にしていればよかったのが、キャリアウーマンの出張が増え、女性ひとり客への対応を迫られてきた。

オジサンは我慢強い、というより無頓着だ。自ら愛煙家だから、部屋が煙草臭かったとしても気にならないし、シャンプーだって「あればいい」という程度。一日中仕事で歩き回って、打ち上げでさんざん飲んで酔っ払って部屋に戻ってくるのだから、眠れればいい。細かいことにはこだわらない客を相手に、狭かろう、安かろうで、長らく安泰だった。

女性の目は厳しい。五感をフル動員して、ホテルの良し悪しを一瞬で見抜き、口コミやブログでそれを仲間に伝える。いいホテルには客が集まり、ダメなホテルは閑古鳥が鳴く。その決定権は女性が握っているといっても過言ではないのが、今のホテル業界だ。

女性が喜んで泊まるようなホテルにすべきなのだが、時折り勘違いしているところがあるのもまた事実。壁紙をピンクに換えて、とりあえずのアメニティを揃えてプレゼント。そんなホテルに釣られるほど女性客は甘くない。たくさんの柄の浴衣を用意して、それを選ばせることが女性向けの最大のサービスだと勘違いしていた日本旅館と同じで、女性をステレオタイプで捉えてしまうと必ず失敗する。

女性宿泊客が宿を選ぶときのポイントは大きく三つ。一にセキュリティ、二に清潔感、三に設備の充実。狭いエレベーターで怪しげなオヤジから好奇の目で見られたり、シャワーカーテンがカビ臭かったりすれば、それだけでも失格。

女性客を意識する宿の、もうひとつの特徴はひとり客をも大事に扱うことだ。なぜなら、これから先、宿泊業の盛衰を左右するのは「女性」と「おひとり」だからである。これと真逆の「男性」「団体」を主たる客として営んできた宿が軒並み苦戦していることからも、これは明らかなこと。

つまりは、女性のおひとり客が、安心して、快適に泊まれる宿だけがこれから生き残っていけるというわけだ。そういう視点で選んだ宿で、かつ、夏にこそ泊まりたいところを何軒かご紹介しよう。

一　近江泊まりの利便性

前著『おひとり京都の愉しみ』で広域京都泊まりをご提案したところ、多大な反響があったという。大阪、滋賀のホテルには問い合わせが相次ぎ、ならばと「〇〇に泊まって京都に行こう」という宿泊プランまで作ったと聞いた。

トップシーズンには宿不足が顕著となる京都。大阪、滋賀の近府県ならたいてい空室がある上に、京都市内に比べれば圧倒的に安い。閑散期ならともかく、繁忙期に無理やり京都に泊まらずとも、充分京都は愉しめるはずだ。では夏はどうだろうか。

分けて考える必要がある。春と秋はずっとオンシーズンとなるが、夏はピンポイントでトップシーズンにも、オフシーズンにもなるからだ。

たとえば七月を見てみよう。この月、トップシーズンになるのは祇園祭のハイライト、十四日辺りから十七日まで。これに週末が絡めば、とんでもない混みようになる。

平成二十二年を例に取れば、宵山の十六日が金曜、山鉾巡行の十七日は土曜になっている。となれば当然ながら十五日の木曜から十八日の日曜までは超が付くほどの繁忙期になる。この間、京都市内のホテルを取るのは不可能に近い。取れたとしても普段の倍はおろか、三倍近い価格になっても文句は言えない。需要と供給のバランスとはそうしたものなのだ。

もしもこの夏、祇園祭を観ようとして京都を訪れるなら、大阪、滋賀のホテルに泊まることを強くお奨めする。せっかくの京都なのに、と思われるかもしれないが、近江や大阪に泊まって、京都へ観光に出向くというのも、それはそれで愉しいもの。京都をまた別の角度から眺めることもできる。ましてや京都リピーターを目指すなら、これが一番の近道である。


『ホテルボストンプラザ草津』

最近僕がミステリー執筆のために自主カンヅメをしているホテルが、『ホテルボストンプラザ草津』【地図K】である。ここなどは穴場中の穴場。京都旅に必ず覚えておいてほしいホテルだ。

滋賀県草津市。草津といえば、関東人には草津温泉のイメージが強いだろうが、近江草津はかつて、東海道と中山道が交わる重要な宿場町だった。つまり草津に泊まるというのは昨日今日のことではなく、長い歴史があることなのだ。

とはいえしばらく忘れ去られていた格好の草津。ここは近年、京阪神のベッドタウンとしてにわかに脚光を浴び、急速に人口が増えてきた街でもある。僕がお奨めするに至ったのはここに理由がある。

人口が増えるということは、当然ながら街に活気が生まれ、商店が増え、アクセスも整備される。つまりは便利になるということ。京都旅の宿を他地域に求める際、最低にして最大の条件は「便利さ」なのだ。

JR東海道線（琵琶湖線）。『京都』駅から新快速に乗ると、わずか十八分で『草津』駅に着く。各駅に停まる普通電車でも二十三分。いずれかが数分置きに出ているからありがたい。待つのが苦手な僕には最適のダイヤ。

『草津』駅は東と西の出口に分かれ、コンコースから見ると、東口、西口、どちらにも洛中には見られない高層タワーが聳え建っている。思ったより草津は都会なのだ。

西口の目の前にあるのが『ホテルボストンプラザ草津』。電車を降りるとすぐ目に飛び込んでくる。改札口のある二階から、西口の南側にあるエスカレーターを降りて、ロータリー沿いに歩くこと二十秒。ほとんどが屋根付きの道なので、よほどの嵐でもない限り傘を持たずに、チェックインできるのはありがたい。

ここまでさらっと読み流されたかもしれないが、実はこのアクセスの良さは特筆に値する。京都観光にかなりの威力を発揮するのだ。

JR『京都』駅から公共の交通機関を使って、約二十分で、しかも傘要らずでチェックインできるホテル。京都の市内にだって、そうそうあるものではない。

たとえば京都でも人気の高いBホテル。ここにチェックインしようと思えば、まずは地下鉄烏丸線に乗って『烏丸御池』まで行く。ここまでの乗車時間が六分。そこから歩いて地上に上がり、ホテルのシャトルバスに乗り換えて七分。乗り換え時間を含めると二十分は軽く掛かる。しかもバスは二十分置きにしか来ない。

あるいは老舗ホテルW。『京都』駅からのシャトルバスは三十分間隔。地下鉄で行くとなれば、烏丸線、東西線を乗り継いで、乗車時間だけで十三分。乗り換え、駅からの徒歩を加味すれば二十分で辿り着くのは難しい。

京都は街の景観を保存するためもあって、公共の交通機関が他都市に比べて相当弱い。縦横二本の地下鉄と、後は路線バスに頼っているのが現状だ。京都はチンチン電車発祥の地。LRT（次世代型路面電車）を含めて、交通網の整備は急務だと思うのだが、官民共、切迫感に乏しいのはなぜなのか。このまま放置すれば、アクセスのいい他都市に宿泊客を奪われるのは自明の理だ。路線バスの最大の敵は渋滞。観光シーズンのみならず、定時に運行されることの方が少ないのが恨めしい。

――待てど暮らせど来ぬバスを――。宵待ち草ならぬ、人待ちバスだ。

話を草津に戻す。

四季を通じて人気の高い景勝地、嵯峨嵐山を訪ねようとして、では草津からだとどんなアクセスになるのか。これが実にシンプル。JRを乗り継ぐだけで、いとも簡単に嵐山に行けてしまいそう。実際に検証してみよう。

朝九時八分『草津』駅発の新快速電車に乗れば、九時二十七分に『京都』駅に着く。九時三十八分発の山陰線（嵯峨野線）で『嵯峨嵐山』駅着は九時五十三分。最低限の乗り換えで、すんなりと嵐山に辿り着ける。何より、渋滞知らずだから、時間が読めるのがありがたい。

では、先のBホテルで比較検証してみよう。ホテル出立時間はほぼ同じ。九時十分ホテル発のシャトルバスに乗れば九時十七分に『烏丸御池』に着く。乗り換え時間を考えると厳しいが、最速でも九時十九分発の地下鉄東西線に乗る。『二条』駅着が九時二十三分。山陰線は九時四十四分発。つまりは先述の『京都』駅発と同じ列車だ。そう、草津からでも、市内のBホテルからでも『嵯峨嵐山』駅に着くのは同時刻なのだ。距離からすれば圧倒的に不利な草津だが同着になるのは、ひとえにアクセス至便ゆえのこと。

駅から近くアクセスがいい。無論それだけでこのホテルをお奨めしているのではない。居住性、接客などなど、ホテルそのものも秀でているからのご紹介である。

駅から歩いて一分弱。レンガ造りのホテルに入ると一階はレストラン。朝昼夜といつもにぎわっている。エスカレーターで二階に上がるとすぐ横にフロントデスクがあり、自動演奏のピアノが迎えてくれる。

宿泊カードに記入していると、おしぼりが出される。これはいいアイデアだ。日本ならではのもてなしに、ほっこり和む。エレベーターで七階へ。案内されたのは７１６号室。デラックスシングルだ。

『ボストンプラザ草津』の客室

広さは二十平米。ベッドは百六十センチ幅のダブルサイズ。壁付けの液晶テレビは三十二インチ。無論地デジ対応。窓も大きく取られ、明るい部屋だ。何より嬉しいのは超ロングサイズのデスク。ＬＡＮケーブルを繋ぐだけですぐにブラウザが開く。仕事環境としては申し分ない。つまりはそれくらい使い勝手がいいということ。

静音冷蔵庫には草津名産の「あおばな茶」のペットボトルが入っていて、インスタントコーヒー、ティーバッグも付いている。

バスルームのアメニティには入浴剤、スポンジタオルもあり、中々の充実度だ。

前章でも紹介したように、血糖値の上昇を抑えたりダイエット効果もあるといわれている「あおばな」のほうじ茶が無料で飲めるのはありがたい限り。これぞホスピタリティである。

ホテルサイトのネット予約だと、この部屋で七千五百円から九千円の価格幅。リーズナブルといっていい値段だ。ちなみに十六平米のシングルルームなら六千五百円から八千二百円という価格帯。同じレベルのホテルで、京都市内と比較すると格安料金だ。加えてこのホテルには一階に二十四時間営業のコンビニがあり、何かと便利。

竹炭を使って消臭したり、ＢＧＭにヒーリングミュージックが入っていたり、シモンズベッドや３Ｄフィットの羽毛布団を採用したり、と快適、快眠への気配りが怠りないのもありがたい。女性、おひとり、カップル、誰にでも安心してお奨めできるホテル。夏の京都旅を計画しているなら、早めに予約を入れておきたい。

『琵琶湖ホテル』

『琵琶湖ホテル』【地図Ｋ】の特色は何といっても天然温泉の存在。レイクビューの大浴場はホテル四階にあり、「るりの湯」と名付けられている。小さいながら露天風呂も付いていて、湖を渡ってくる風を感じながら温泉を満喫できる。五階以上の客室に泊まれば、浴衣掛け、スリッパのままで「るりの湯」まで行くことができるのもありがたい。

最寄りの駅は『浜大津』駅。京都市内から地下鉄東西線でアクセスできる。レストランも充実していて、夏限定のガーデンレストランも愉しい。涼風を頬に受けながらのガーデンバーベキューは、リゾート気分満点。ひと味違った京都旅になる上、琵琶湖を眺めるガーデンプールもあって、夏遊びには事欠かない。子供連れならなお一層。湖と一体になれるプールに身体を浮かせば、心までもが軽くなる。全室がレイクビュー、広々とした客室からは港に出入りする船を見下ろせる。第四章で書いたミニクルーズの足場としても最適のホテルだ。

『ホテルコムズ大津』

便利さからいけば滋賀県随一と言ってもいいのが『ホテルコムズ大津』【地図K】。JR『大津』駅の南口に直結した出入り口があり、エレベーターに乗れば一分と掛からずにチェックインできる。六月の平日なら、十六平米のシングルルームに六千円以下で泊まれるのも魅力。『京都』駅から『大津』駅まではわずか九分。京都市内と言ってもいいくらいだ。

リゾートホテル

『ロイヤルオークホテル・スパ＆ガーデンズ』【地図K】は、どちらかというとリゾートホテルという位置付け。シングルルームは無いので、ひとり旅の場合はツインルームのシングルユースになるから、ビジネスに比べて割高になるのはやむを得ないところ。カップル泊まりが基本のホテルだ。それでも、トップシーズンの京都泊まりに比べればリーズナブル。夏の水辺という余禄を考慮すれば、夏の京泊まり、筆頭候補に挙げてもいい。

このホテルも『琵琶湖ホテル』と同じく、ガーデンレストランがあるので、浜風を浴びながらバーベキューを愉しめる。最低でも四十五平米という広い部屋、充実したアメニティ、七箇所あるレストラン＆バーと充実している。京都旅のついで以外にも、しっかりと琵琶湖旅の宿として泊まりたい。

他にリゾートホテルタイプの宿としては、『大津プリンスホテル』【地図K】もお奨め。近江に泊まって、京都に遊ぶ。第四章で述べた『琵琶湖逍遥』と併せて、夏ならではの新たな京都旅をご提案する次第。

二　涼やかな日本旅館

花背の山里『美山荘』

狭いようでいて広いのが京都。雅な空気が漂う洛中から北へ、一時間ほど車を走らせてもまだ京都市左京区だ。

『京都』駅からなら、まず目指すのは『上賀茂神社』。京都三大祭のひとつである「葵祭」の祭列はこの社を目指す。ここでも既に洛中からはかなり離れているが、宿への道程はまだまだ遠い。山を越え、天狗《てんぐ》を相手に牛若丸が修行を積んだ鞍馬山を越える。つづら折りの山道を奥へと分け入り、ようやく辿り着いたのは「花背《はなせ》」の里。雅とは無縁の鄙びた山里には茅葺《かやぶき》の民家が点在し、はて、こんなところに本当に名旅館が在るのだろうか。初めて訪れた客は誰しもがそう思う。

そんな鄙びた山里をも過ぎ越し、やがて修験道の霊場として知られる『峰定寺《ぶじようじ》』の道標に出会う。平安末期創建の、この寺の宿坊として明治の中期にスタートしたのが『美山荘』【地図K】だ。宿坊から名旅館へと変身させたのは三代目に当たる先代主人。「摘草料理」を発案し、鄙びた山里の料理に洗練の技を加え、一躍その名を全国に轟かせる宿となった。

緑濃き古寺からは、涼やかな風がそよそよと吹いてきて、ここが山深い里であることを教えてくれる。

もしも都の公家たちがこの里に隠棲したなら、きっとこんな暮らし振りだっただろうと思わせる、そんな設えが美しい。重厚な玄関を持つ母屋にも、軽やかな数寄屋《すきや》造りの別棟にも、たっぷりと野の花が活けられ、そこかしこに配された調度も風雅な空気を漂わせる。「野遊び」という言葉が頭に浮かぶ。ただ鄙びただけの田舎ではなく、そこに都の文化が加わることで、「雅」とは一線を画す「軽み」が生まれ、それは無論料理にも相通じる。

山里の四季は、洛中のそれと比べて、輪郭がくっきりと際立つ。『美山荘』の料理は細やかな四季の移ろいを見事なまでに器に描き出す。

春。厳しく長い冬を過ぎ越した里は、わずかばかりの春の兆しを尊び、その喜びを素直に表す。たとえば嫁菜《よめな》の若葉や蕗《ふき》の薹《とう》など、冬から目覚めるための苦みを湛えた食材が顔を出す。

そして夏。鮎や天魚《あまご》に岩魚《いわな》。清流を泳ぐ川魚たちが、短い山里の夏を謳う。

無論、流通事情が格段に進歩した今では、鱧やグジなど、京都らしい海の幸も膳に上るが、そこはやはり鄙の里らしく、素朴な味わいを残し、華美な盛り付けは排している。

温泉ではないが、よく手入れの行き届いた風呂には、すぐ傍《そば》の寺谷川の清水が張られ、清流を見下ろしながらに湯浴みができる。静寂に包まれた宿での一夜は身も心も綺麗に洗い流してくれる。

洛中の暑さもこの花背の里までは届かない。

わずかな期間ではあるが、運がよければこの宿に泊まって幽玄の世界に遊ぶことができる。

夜八時。食事を終えて、満ち足りたひとときを過ごしていると、宿から声が掛かり、泊まり客は玄関先に集合する。マイクロバスに揺られること十分ばかり。山中の小高い木の前で車を降りる。当然ながら民家もなく、月明かりだけが頼りの暗闇。

ようやく闇に目が慣れてきて、木を見上げて誰もが息を呑む。蛍火が明滅しているのだ。それも半端な数ではない。蛍は一斉にその尾を光らせるのだが、光ると辺りが明るくなる、それほどの群舞なのだ。大袈裟にいえば、文字が読めるほどの明るさ。

僕が体験したのは、たしか七月の初め頃だったと記憶する。この世のものとは思えぬような幽玄の世界。体験したい向きは、必ず宿に問い合わせを。

三　片泊まりの宿

いっときはブームの様相を呈《てい》していたので、天邪鬼《あまのじゃく》な僕は前著で触れなかったが、京都ならではの宿として、片泊《かたど》まり宿に泊まるというのも悪くない選択肢。

「片」は片方の「片」。すなわち、夜と朝の内、片方の朝だけを食べることから付いた名だ。無論頼めば仕出しの夕食を出してくれるし、これもまた京都ならではの風情。

底冷えの冬には隙間風に身を縮めるが、夏なら逆に、風が通って心地いい。昼間は遊びまわって、夜はお気に入りの店で食事をする。宿に戻るとほんわか布団が待っている。明けて翌朝は、宿とっておきの朝食に舌鼓を打つ。そんな片泊まりの宿。

ホテルか旅館か。京都で泊まるときには悩ましい問題となる。そしてその選び分けを大きく左右するのは「食」の問題だ。

あの店であの夕食を食べたい、という願いがあるなら間違いなくホテル。基本的に日本旅館は一泊二食という形で料金を設定しているから、必然的に夕食は旅館で食べることになるからである。

無論これまでに挙げた旅館なら、下手な「京料理」店に行くより、はるかに上質な料理が食べられるのだが。

日本旅館でもっとも魅惑的なのは朝食。朝風呂を浴びて、浴衣姿で座敷に座り、庭を眺めながら、はんなりした朝ご飯を食べる。これぞ旅館の醍醐味だ。

夜は好きな店に行って夕食を摂り、朝は旅館ならではの朝ご飯を愉しむ。ホテルと日本旅館のいいとこ取りをする、そんな贅沢を味わえるのが「片泊まり」の宿。

元は、祇園辺りの花街で夜遅くまで遊んだ旦那衆が、家に帰るのも面倒だとばかりに、旅館に泊まり、朝ご飯だけを作って貰ったのが始まりと伝わっている。つまりは旦那遊びの片鱗を窺えるという愉しみもあるのが「片泊まり」宿だ。

そんな過程を辿ってきたゆえ、ほとんどの「片泊まり」宿は花街の中にあるか、もしくは隣接している。

一番のお奨めは先斗町の中ほどにある『三福《みふく》』【地図B】。


『三福』


京都には五つの花街がある。祇園甲部、祇園乙部《おつぶ》、宮川町、上七軒、そして先斗町。それぞれに異なった空気が漂うが、鴨川に沿ってお茶屋や飲食店が居並ぶ先斗町は、どちらかといえば開放感があり、取っつき易い。

車も通らない細い路地。三条から下り、『先斗町歌舞練場』の南側に建つ『三福』は築九十年を超える古い町家だ。鴨川を見下ろす二階の八畳間がお奨め。京の町家らしい「鰻の寝床」は、間口の狭さからは考えられないが、先斗町から鴨川まで続いているのだ。

まさかこんな景色を望めるとは。『三福』に泊まった客は、鴨川を見下ろしながら決まって溜め息を漏らす。三条に近い先斗町にあって、わずかに五室のみという小さな宿。一階と二階にある部屋はどこも同じ料金なので、眺めのいい、二階奥の部屋を早めに予約したい。『先斗町歌舞練場』からすぐ、情緒漂う石畳の両側には、びっしりと店が並び、時折り行き交う舞妓姿に、あちこちから歓声が上がる。そんな先斗町に宿を取る。何とも贅沢ではないか。それでいて、朝食付きで一万三千八百円。実にリーズナブルである。京都に宿は数多くあれども、窓の向こうに鴨川が流れるところはそうそうない。さらには付かず離れず、ほどのいい接客。品のいい設え。何より選りすぐりの朝ご飯。『三福』の一夜はきっと京都の夏旅を彩ってくれる。

門限が二十三時なので早めに宿に帰り、ぐっすりと眠った後の朝食を愉しむ。湯豆腐、煮物、焼き魚、炊き立てのご飯。どれもがわざわざ食べに来たいほど美味しい。

『其中庵』『田舎亭』

片泊まりの宿の大きな特徴は、そのロケーションにある。先の『三福』が花街先斗町なら、『其《き》中《ちゅう》庵《あん》』【地図A】は祇園円山公園の最奥ともいえる山中にある。

祇園花見小路、祇園石段下、八坂神社、円山公園。四条通は、東に進むごとに、人波が少なくなり、龍馬像を過ぎ、『円山音楽堂』へと辿る南北の道筋と交差した後は、めっきりと人影が減る。『大谷《おおたに》祖《そ》廟《びょう》』を右手に見て、やがて突

『三福』

『其中庵』

き当たりに『長楽寺』が見えてくる。建礼門院ゆかりの寺である。道筋はここで大きく左にカーブする。

道なりに山手を上り、『左阿弥』を過ぎれば、『其中庵』はすぐそこ。

まさに「市中の山居」。祇園の喧騒がまるで嘘のように、しんと静まり返り、時折りその静寂を破るように、クマゼミの鳴き声が森にこだまする。

「もみじ」「さくら」「亀甲」。部屋は三つ。どの部屋に泊まっても、東山のふもとに佇む庵の風情は充分愉しめる。

夏の朝。ダイニングの食膳に上るのは京の夏野菜。

冬瓜《とうがん》の葛煮。万願寺唐辛子の焼き浸し。山科茄子と南京の炊き合わせ。彩り豊かに朝餉の膳をにぎわせる。若狭鰈《かれい》と炊き立てご飯。至福の朝食は、片泊まり宿ならではだ。

価格はといえば、朝食が付いて、概ねひとり一万円。これもまた充分にリーズナブルといえるだろう。

もう一軒のお奨めは祇園下河原。しっとりした情緒が漂う「石塀小路《いしべこうじ》」にある『田舎亭《いなかてい》』

【地図B】。テレビのロケにも再三使われるほど、いかにも京都の宿らしい雰囲気。ここもまた朝ご飯が美味しい。坪庭に面した一階の小部屋、路地を見下ろす二階の大部屋。離れにある四畳半の茶室。どの部屋も情趣に溢れる。

夏の片泊まり宿として三軒をお奨めしたが、どの宿も、女将の人柄が滲み出る宿。旅人を優しく迎え入れ、かつ、京都が京都である所以を、それとなく教えてくれる。取り分け、ひとり旅にはぜひ味わっていただきたい宿である。

他にも祇園の『紫』、黒澤明が愛した『石原』など、京都ならではの片泊まり宿もまだまだあるが、泊まったことがないので、詳細は不明。友人知人の泊後評は極めて良好なので、お奨めの宿に加えておくことにする。

『田舎亭』

四　京都最新宿事情

カプセルホテル・アパートメントホテル

慢性的な宿不足に悩む京都に、近年新しいタイプのホテルが続々と誕生している。いわくアパートメントホテルにカプセルホテル。これらは既存のホテルに無いシステムやフォルムで話題を呼んでいる。

カプセルホテルといえばウサギ小屋にも似て、〈泊まる〉という範疇には入らないのではと訝ってきた。息の詰まるようなミニマムスペースでリラックスなどできようはずもなく、よほどの非常事態でも発生しない限り、無縁の存在と遠ざけてきた。

しかし今どきのカプセルは既存のものとはまったく違うのだという。それはまるで飛行機のファーストクラスのようなものだと。

さてその使い勝手やいかに。生来、好奇心旺盛な僕は、京都旅に使えるのかどうか検証するという大義名分を携え、オープンして間を置かず泊まってみた。

カプセルタイプ。飛行機のファーストクラスを模したといわれても、利用したことがないので比較することもできないのだが、はたしてこれをリーズナブルといえるのかどうか。たしかに飛行機という限られた空間の中であれば、四平米は広いのかもしれないが、地に足のついたホテルではいかにも狭い。これでたとえば二千円くらいなら、非常手段として使えなくもないが、五千円と聞けば、大きな疑問符が付く。なぜなら今どき、ネットの宿泊サイトをうまく使えば、十五平米前後のビジネスホテルでも五千円出せば泊まれるからだ。

たとえば六月の平日。京都市内中心部にあって三条河原町というアクセス至便な『ユニゾ京都』【地図B】なら早割プランで四千二百円という価格が出ている。あるいは同じ三条近辺に新しくオープンした『Ｃａｅｄｅ　ｈｏｔｅｌ』【地図B】なら、十六平米のシングルルームが四九九九円だ。二条城前の『京都国際ホテル』【地図C】が五千二百円。

バス・トイレも共用ならスペースも最低限。たしかに目新しさはあるものの、ホテルに泊まり慣れた身に、カプセルホテルはいかにもキツい。

ビジネス需要ならまだしも、観光で京都を訪れて、このタイプのホテルに泊まることはお奨めできないというのが、僕の結論だ。〈「眠る」ことに掛けては高級ホテルに負けない〉というのが、ホテル側の売り文句だが、「眠る」というのは、ベッドの上だけのことではない。どんなにいい布団だったとしても、押入れの中で安眠できるはずがないと僕は思う。

『ユニゾ京都』

『Caede hotel』

一方でアパートメントホテル。こちらは前者と対照的に、広々とした部屋に充実した設備がウリだ。アパートメントという名が示すように、「住む」感覚で「泊まる」ホテル。

　ミステリーを手掛けるようになってから、ホテルで自主カンヅメをして原稿を書く機会が増えた僕には、うってつけのホテル。興味津々でチェックインした。

　二十五平米のダブルルーム。他のホテルと明らかに異なるのはキッチンだ。部屋に入ってすぐ、電気コンロ、ミニシンク、電子レンジ、トースター、ポットと一応の設備は備わっている。さらには鍋、フライパン、包丁に俎板、ざる、ピーラー、缶切りと調理器具が揃い、カトラリーと洋食器、箸、茶碗、グラス、カップに至るまでの食器も完備。たいていの料理ならできそうだ。と、しかし、ふと気になったのは、あまりにも日常と近過ぎることだ。

　京都に住んで、ときには気分を変えて、くらいならいいのだが、たまの京都旅で、この設備の備わった部屋に泊まって、どんな気分になるだろうか。どう使いこなすのだろうか、と考えるとこれもまた疑問符が付いてしまう。

『京都国際ホテル』

──リタイアして五年と少し。夫婦揃っての京都好きとあって、季節が変わる度に京都の街をふたりで訪れている。名だたる旅館はすべて制覇し、来る度にホテルも変えて愉しんできた。アパートメントホテルができたと聞いて、すぐに飛び付いたのは夫の方だった。

錦市場でしこたま買い込んだ京野菜と京豆腐、さらには京湯葉。これらを炊き合わせようと夫が提案した。出汁の素、調味料も買い揃えた。鱧の照り焼きはレンジで温め直し、鯖寿司をフライパンで焼いて焼き鯖寿司にすればいい。きっとこれまでの京都にはなかった愉しい夕餉になる、固くそう信じた夫は、足取りも軽くホテルに戻った。妻はときどき溜め息を吐きながら、夫の後を追った。

「はい。炊き上がりましたよ」

ソファに座る夫の前に鍋ごと置いた。夫は洋皿を取り皿にして早速煮物に箸を付けた。

「さすが京豆腐だな。この柔らかさといい、豆の味といい、最高だ。野菜がこれまた旨い。こんな料理、京割烹で食べたらいくら取られるか。次は鱧を温めてくれるかな」

妻は鱧の照り焼きをトレーのまま電子レンジに入れた。

「いやぁ旨いなぁ。さすが京都。どれを食っても旨い。しかもこれが自分たちで作った料理だってとこがミソだよな。なんだ？　さっきからずっと黙ってるけど、何かあったのか？」

焼き鯖寿司をつまみながら夫が言う。

「……」

チンと音が鳴り、無言のまま、鱧の照り焼きをレンジから取り出して妻が夫に手渡した。

「この鱧も美味しいよ。たっぷり食べられるのが嬉しいね。料理屋で食べてごらんよ。この半分の量もないよな。それでいて値段は十倍以上だ。凄いよな」

「……」

「いや、このホテルはいいなぁ。これからずっとここにしよう。最高だ」

夫は相好を崩しっ放しだ。

「わたしはイヤです」

妻はきっぱりと言い切った。

「え？　今、何て言ったの」

「わたしはイヤです、って言ったの」

「なんで？　なんでなの？　こんなに愉しいのに。きみだって京都に住みたいって言ってたじゃないか。ここなら、手軽に京都に住んでる雰囲気を味わえるじゃないか。願ってもないホテルだと思うんだけどな」

夫には妻の気持ちがまったく理解できなかったようだ。

食事を終えて妻はまるで我が家のように、慣れた動きで台所に立った。

「なんだかまるで、我が家のようだね。いいよなぁ」

夫は上機嫌で器を下げ始めた。

「何がいいの？」

妻が洗いものの手を止めた。

「ん？」

夫はソファにあぐらをかいて、テレビのお笑い番組に見入っている。

「だから、何がいいの、って聞いてるのよ」

「何がいいって。京都に我が家ができたみたいじゃないか。理想のホテルだよ」

夫は缶ビールのプルトップを引いた。

「京都に我が家？　我が家がそんなにいいなら京都まで来なくてもいいじゃないですか。なんで京都まで来て、料理を作って洗いものまでしなきゃいけないんです？」

妻は洗剤を染み込ませたスポンジを流しに投げつけた。――

こういう流れになるような気がする。

何も京都まで来て台所に立つなんて。たいていの女性はそう思うだろう。旅は「非日常」でありたい、多くはそう願う。普段と違って、上げ膳据え膳だからこそ女性にとって旅は愉しいのだ。ホテルにチェックインしてすぐ、ベッドに仰向けにダイブするのはたいてい女性の方だ。自分でベッドメイクしなくてもいい。それだけで快感なのだろう。

旅先のホテルではしたくてもできない、はずなのに、こんなホテルがあれば台所仕事ができてしまう。できるのにやらない、となると、どこか気が引ける。こんな設備、余計なお世話だと思う女性がほとんどに違いない。ただ発想は悪くない。店で食べるのではなく、自分たちの手で京都の食材をなんとかしたい、そう願う旅人は少なくないはずだ。もし僕がアパートメントホテルを手掛けるなら、ワンルームマンションのようなキッチンは作らない。設えるのは鍋支度。電気グリル鍋、それに大皿と取り皿。箸とレンゲがあればそれで充分だ。

何も錦市場まで足を運ばなくてもいい。ご近所の商店街、たとえば『出町枡形商店街』、『京都三条会商店街』、『北野商店街』など、京都の街中には今も多くの商店街が健在で、魚屋、八百屋、豆腐屋と、ひと通りの店が並んでいる。そこで買い物をして夫婦二人で鍋を囲む。これなら喧嘩にならないだろう。

活け鱧を鍋用に切ってもらい、水菜、油揚げ、鍋用の出汁を買って適当に鍋に入れればいい。包丁などなくとも、水菜も油揚げも手でちぎれる。所詮ごっこだから、それでいいのだ。

それより大切なのは京都ならではの旅時間である。昼間見てきた神社仏閣のこと、散歩道、お昼ご飯。デジカメの映像を見ながら、今日一日を振り返る。そして明日の計画を立て、想いを馳せる。京都を訪れて、本当に旨いものを食べたいならやはり自炊ではなく、店を訪ねなければ無理だ。あくまで目先を変えて、〈ごっこ〉だと割り切るなら自炊設備は最低限でよし。観光で訪れる京都のホテルにキッチンは要らない。僕はそう思う。

五　ニューオープンのお奨めホテル

『ドーミーインプレミアム京都駅前』


オープンして間が無い新しいホテルというのは、いかにも気持ちがいい。慣れないスタッフのオペレーションがぎこちない様すら微笑ましく感じられるのも、一生懸命だからだろう。

JR『京都』駅から歩いて五分と掛からないアクセス至便な場所にオープンしたのが『ドーミーインプレミアム京都駅前』【地図G】。

ドーミーインホテルチェーンの新展開。

『ドーミーインプレミアム京都駅前』

通された419号室は塩小路《しおこうじ》通に面している。さほど広い通りではないので、向かい側のビルが気になるといえば気になるが、駅に近いホテルの便利さを優先すれば、やむを得ないところ。この部屋の一番の特徴はバスタブがないこと。部屋に入ってすぐ、洗面台があり、その横のドアを開ければ、トイレとシャワーブース。コンパクトなスペースになっているのには訳があって、それは最上階に温泉大浴場があるからなのだ。つまり、ゆったりと湯に浸かりたければ温泉に行く。さっと身支度を整えるなら、部屋のシャワーを使う。最近のビジネスホテルに増えてきた傾向である。

チェックインしてまずは温泉に入ってみた。

一番風呂の気持ちよさもあったのだろうが、それにしても快適な風呂だ。大き過ぎず、小さくもなく、ほどよい広さが身体をゆるゆると緩めてくれる。オープンエアの露天風呂にまずは身を沈める。驚いたのはその泉質。ぬるりと身にまとわり、しかし上がり湯をすると、さらりと、つるりと肌が滑る。目を遣るとそこには京都駅ビル。不思議な感覚だ。どれくらいの深さまでボーリングしたのか分からないが、これほどの温泉が『京都』駅の傍に潜んでいたとは。

洛北大原、洛西嵐山、近年京都は、新たな観光資源を求めて、温泉掘削に力を注いだが、その結果はといえば、期待を上回るものではなかったと聞く。さもありなん。京都と温泉は、さほど相性がいいとは思えなかったのだが、このホテルの湯に浸かると、認識を新たにするべきと思わざるを得ない。それほどに、いい湯だ。

ホテル自体が新しく、かつチェックインしている客が少ない時間帯だったせいもあるのだろうが、三時過ぎに入って、一時間近く経ってもまだ貸し切り状態。いくつかの湯船を行ったり来たりしながら、サウナにも入って、京の温泉を満喫したのであった。

湯上がり、部屋でひと休みして、さて夕食は誰もがお目当ての店を持ち、そこに足を運ぶことだろう。祇園、四条、先斗町。西陣もまたよし。満ち足りた夕餉の後に再び駅前のホテルに戻る。と、ここで、このホテルの立地が

客室

露天風呂

腹の虫を鳴かせる。塩小路河原町、第三章で触れた通称「たかばし」、京都ラーメンの総本山だ。

『本家第一旭』と『新福菜館本店』が並んでいる。それぞれに信者が居て、喧々囂々《ごうごう》だが、僕の好みは『新福菜館』。中でも炒飯とのセットが学生時代からのマイベストメニュー。還暦を目前に控えた今も、きれいさっぱり平らげる。

　これほどの充足感があるだろうか、そう思いつつホテルに戻る。京都ならではの美味を味わい、〆に『新福菜館』のラーメンと炒飯を堪能した後には、もう何も要らない。と、フロントを通れば、そこに「夜鳴きそば」の文字が。なんと、このホテルでは、夜食のラーメンをサービスしているのだ。嗚呼。なんという偶然、悲劇。ラーメンのサービスがあると知っていたなら……、そう思っても後の祭り。悔し涙を流しながら、部屋に戻ったのであった。

「たかばし」の二店舗

　広過ぎず、狭過ぎず、頃合いの客室。第三章で詳述したように、格好の朝食が食べられる。今イチオシのホテルである。

おわりに

京都を訪れて、祇園を知らない人は居ないだろう。誰もが一度は足を踏み入れているはずだ。だがその季節がいつだったかによって、印象は大きく異なる。

桜咲く頃、円山の枝垂れ桜に見とれ、「都をどり」に酔い、花見小路をそぞろ歩くのと、『知恩院』の除夜の鐘を聞き、『八坂神社』でおけら火を貰ったものの宿にそのまま持って帰るわけにはいかず、さてどうしたものかと寒さに震えながら思案に暮れるのとでは、まったく異なった印象を持って都を後にすることになる。

日本には「四季」という、類い稀な天からの贈り物がある。一年三六五日、春に始まり冬に終わるのは世界共通なれど、そのそれぞれの季節によって、くっきりと表情を変える国として、日本は傑出している。春夏秋冬、四季折々その姿を変え、限りない美しさを湛える日本。分けても京都はその地形ゆえ、見事なまでに季を彩る。春には春の祇園があり、冬には冬の祇園がある。どの季節がいいのか。だがしかし……。


古都京都を表すことばのひとつに「夏暖かく、冬涼しい」がある。

京都人特有の自虐的な意味合いを色濃く込めたジョークなのだが、あながちジョークとは言い切れないことを、僕は幾度も実感している。

二月の札幌。新千歳空港に降り立ち、千歳線に乗り換えて『札幌』駅へ。歩いてホテルへと向かう。滑らないように雪道を踏みしめること十分。フロントでチェックインしてようやく部屋へと入る。ダウンジャケットを脱ぎ、ふと気付くと額には薄っすらと汗が滲んでいる。

窓から見ると、向かいのビルに設置された温度計はマイナス六度を示している。だが寒さに震えるという瞬間がない。飛行機を降りて部屋に着くまで、身を縮めることがなかった。

帰途。伊丹空港からリムジンバスに乗って『京都』駅まで。八条口のバス停に降り立った瞬間、あまりの寒さに身を縮めた。地下鉄に乗るべく地下道を歩く。ここも寒い。思わずダウンジャケットのジッパーを首元まで上げる。地下鉄に乗って『北大路』駅で降りる。北改札口を出て、地上へと続くエスカレーターに乗ると寒さが身に染みる。寒さは地上に出ると一層厳しくなり、比叡の峰を見上げつつ小走りで家路に着く。玄関を潜り、居間に入っても中々ダウンを脱ぐ気にはなれない。この日の最低気温は五度だった。札幌に比べれば十一度も高いのにこの寒さはなんだ。

あるいは七月の沖縄。十年ぶりに本島に上陸したという台風に運悪く遭遇した。強烈な風と雨にじっと息を潜め、一夜明けて翌朝。国道五十八号線を北へドライブ。南洋の湿気をたっぷりと置き土産にした台風一過。タクシードライバーいわく、記憶にないほどの暑さ。

「アッチュイね。こんなアッチュイと何もする気がしないよ」

恩納村《おんなそん》で一日仕事。浜辺で泳いだわけでもないのに真っ黒に日焼けした。

仕事を終え、関空戻り。「はるか」に揺られて『京都』駅。ラフテー、ソーキ、島らっきょ。山ほどの土産を抱えてタクシー乗り場へ向かう道すがら、ふらふらと立ちくらみ。

この暑さはなんだ。

真冬の札幌より寒く、真夏の沖縄よりも暑い京都。

そんな気候を疎ましがるフリをしながら、実は心底愉しんでいるのが京都人なのである。

比叡颪《おろし》が吹きすさぶ底冷えの都大路を、震えながら歩けば、きっとその先に大きな愉しみが待っているはずだ。照り付ける真夏の太陽。盆地ゆえ、そよとも吹かない風に流れる汗を拭おうともせず、暖簾目指して歩を進めるからには、必ずや美味が待ち受けている。

四季の京都を堪能したいなら、まずはこの厳しい気候に、身体と心を馴染ませることから始めねばならない。京都は年中同じ表情を見せるわけではない。春秋には穏やかな顔付きだったとしても、冬と夏には険しい顔付きに変わる。その変化をも愉しめるようになれば、検定など受けずとも真の京都上級者である。

新年一月から師走十二月まで、京都は時々刻々とその表情を変え、都人はその風情を愉しむ。それは旅人にとっても同じこと。訪れた時季によって愉しみ方は幾分なりとも異なる。その一助になればと思い、京都の四季のひとつ「夏」を点描してみた。

分けても「おひとり」京都。道連れが居ない分、敏感に季節の移ろいを感じられる。どの季節に旅をするか、悩ましいところである。桜花咲き乱れる春、山々が紅く染め上がる秋、鴨川に千鳥舞う冬、祇園囃子がこだまする夏。どれもお奨めしたい。ふと目に付いた都の点景。思い浮かべればきっと京都を訪ねたくなる。

まずは酷暑の夏京都。

梅雨が明け、コンチキチンの祇園囃子。川床に送り火。夏ならではの味わい深い京都をご堪能あれ。

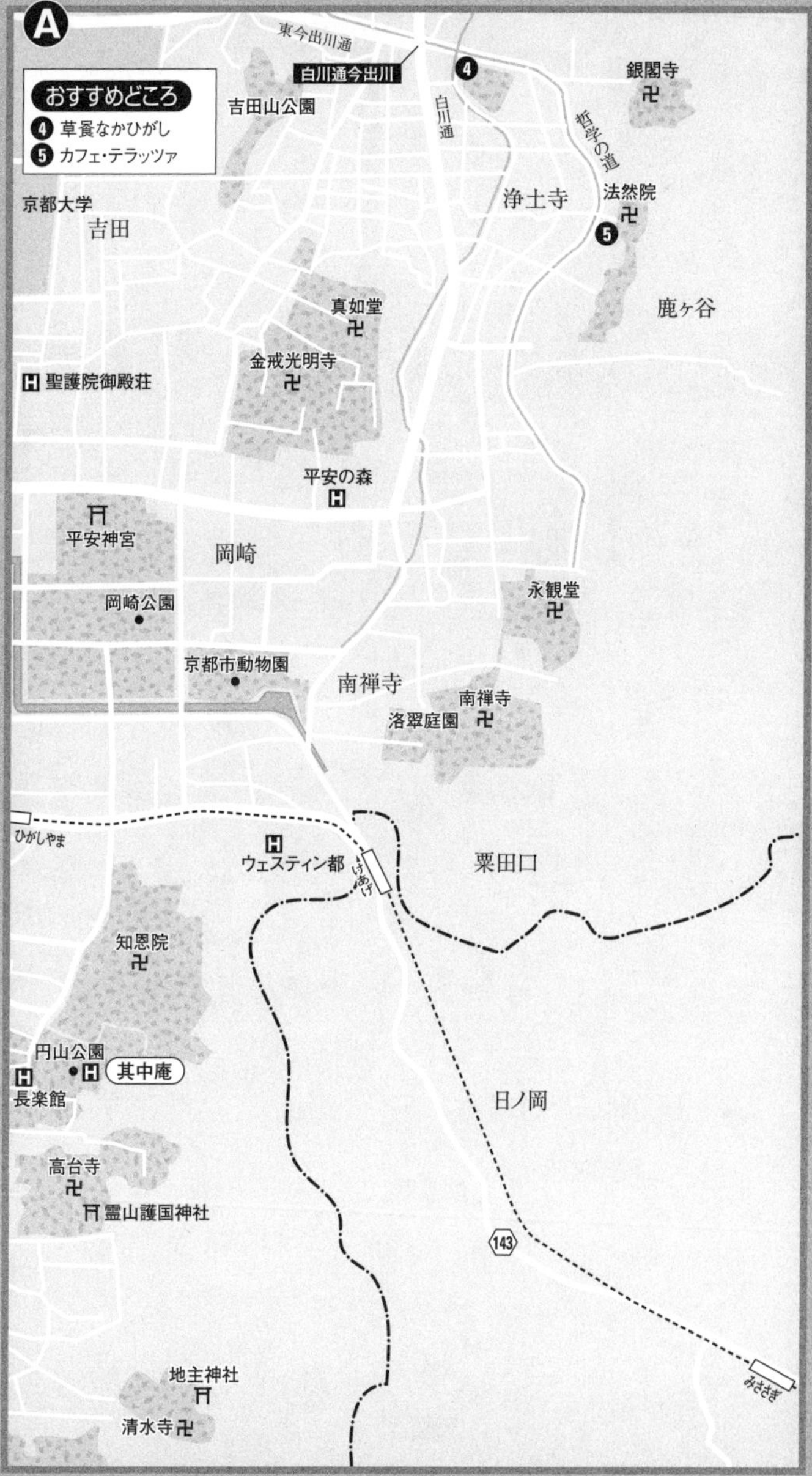
A
おすすめどころ
4 草餐なかひがし
5 カフェ・テラッツァ
東今出川通
白川通今出川
吉田山公園
白川通
銀閣寺
哲学の道
京都大学
吉田
浄土寺
法然院
鹿ヶ谷
真如堂
金戒光明寺
聖護院御殿荘
平安の森
平安神宮
岡崎
岡崎公園
永観堂
京都市動物園
南禅寺
南禅寺
洛翠庭園
ひがしやま
ウェスティン都
けあげ
粟田口
知恩院
円山公園
其中庵
長楽館
日ノ岡
高台寺
霊山護国神社
143
地主神社
清水寺
みささぎ

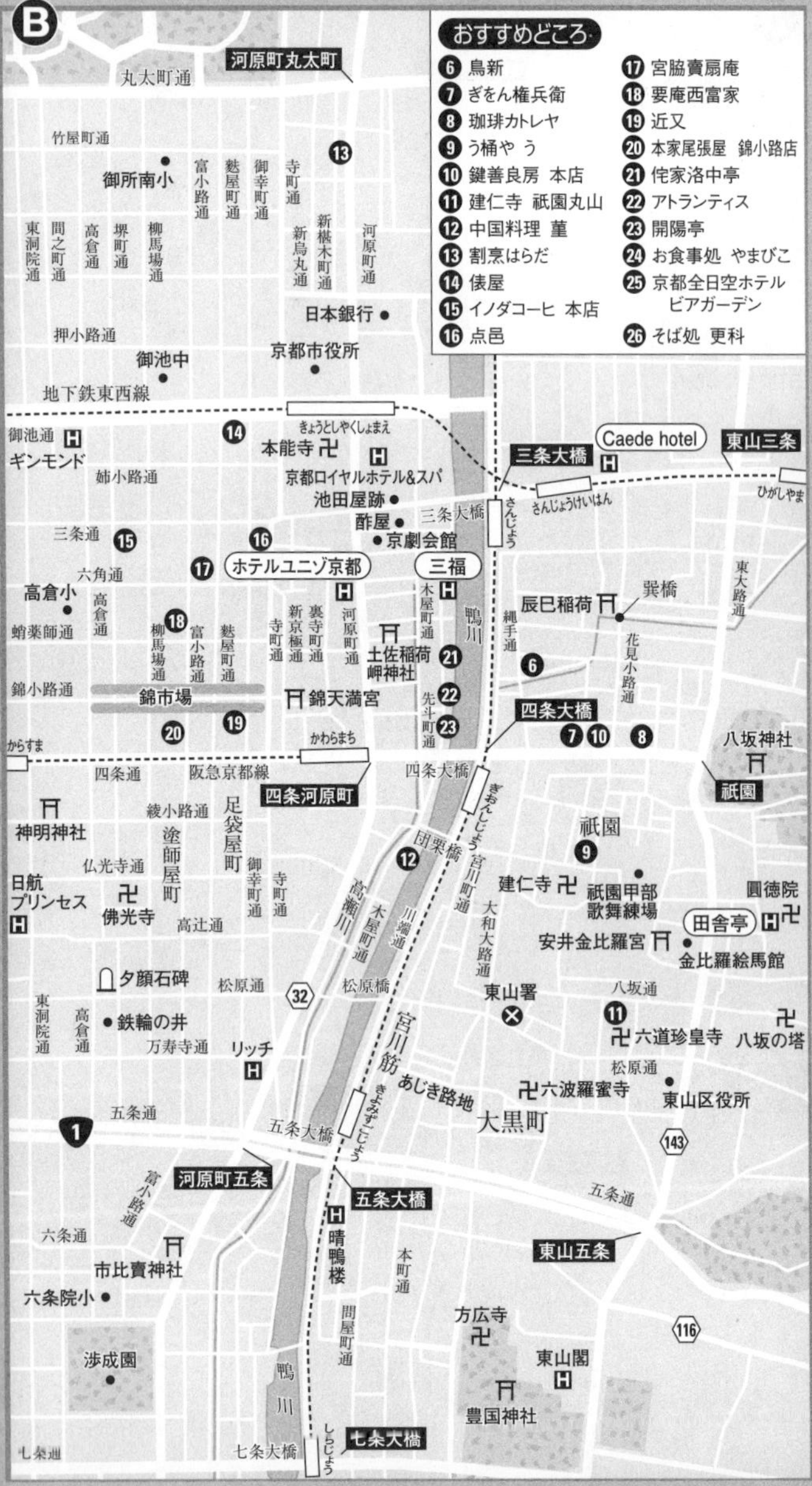
B
おすすめどころ
6 鳥新
7 ぎをん権兵衛
8 珈琲カトレヤ
9 う桶や う
10 鍵善良房 本店
11 建仁寺 祇園丸山
12 中国料理 菫
13 割烹はらだ
14 俵屋
15 イノダコーヒ 本店
16 点邑
17 宮脇賣扇庵
18 要庵西富家
19 近又
20 本家尾張屋 錦小路店
21 侘家洛中亭
22 アトランティス
23 開陽亭
24 お食事処 やまびこ
25 京都全日空ホテル ビアガーデン
26 そば処 更科
河原町丸太町
丸太町通
竹屋町通
御所南小
富小路通
麩屋町通
御幸町通
寺町通
新烏丸通
新椹木町通
河原町通
東洞院通
間之町通
高倉通
堺町通
柳馬場通
日本銀行
押小路通
京都市役所
御池中
地下鉄東西線
きょうとしやくしょまえ
御池通
ギンモンド
本能寺
京都ロイヤルホテル&スパ
姉小路通
池田屋跡
酢屋
京劇会館
三条大橋
三条通
ホテルユニゾ京都
三福
六角通
高倉小
高倉通
蛸薬師通
柳馬場通
富小路通
麩屋町通
寺町通
新京極通
裏寺町通
河原町通
木屋町通
鴨川
土佐稲荷
岬神社
錦小路通
錦市場
錦天満宮
先斗町通
かわらまち
からすま
四条通
阪急京都線
四条河原町
四条大橋
三条大橋
Caede hotel
東山三条
さんじょう
さんじょうけいはん
ひがしやま
辰巳稲荷
巽橋
縄手通
花見小路通
東大路通
四条大橋
八坂神社
祇園
ぎおんしじょう
神明神社
綾小路通
足袋屋町
塗師屋町
仏光寺通
日航プリンセス
佛光寺
御幸町通
寺町通
高辻通
団栗橋
高瀬川
木屋町通
川端通
宮川町通
大和大路通
祇園
建仁寺
祇園甲部歌舞練場
圓徳院
田舎亭
安井金比羅宮
金比羅絵馬館
夕顔石碑
松原通
32
松原橋
東山署
八坂通
東洞院通
高倉通
鉄輪の井
万寿寺通
リッチ
宮川筋
六道珍皇寺
八坂の塔
松原通
あじき路地
六波羅蜜寺
東山区役所
五条通
1
五条大橋
きよみずごじょう
大黒町
143
河原町五条
五条大橋
五条通
富小路通
晴鴨楼
六条通
市比賣神社
本町通
東山五条
六条院小
方広寺
116
問屋町通
渉成園
東山閣
鴨川
豊国神社
しちじょう
七条大橋
七条通

C
千本丸太町
堀川丸太町
烏丸丸太町
丸太町通
日暮通
まるたまち
竹屋町通
二条中
二条城
朱雀高
堀川通
東堀川通
油小路通
小川通
西洞院通
釜座通
新町通
衣棚通
室町通
両替町通
烏丸通
車屋町通
東洞院通
夷川通
京都国際ホテル
二条通
中京中
京都全日空ホテル
押小路通
にじょうじょうまえ
御金神社
神泉苑
地下鉄東西線
堀川御池
からすまおいけ
御池通
ガーデン
千本三条
武信稲荷神社
姉小路通
烏丸三条
三条通
地下鉄烏丸線
三井ガーデン
ホテルモントレ京都
大宮通
朱雀第一小
後院通
ヴィアイン京都四条室町
蛸薬師通
洛中小
堀川高
錦小路通
京都芸術センター
四条大宮
ホテルマイステイズ京都四条
醒ケ井
四条通
からすま
おおみや
しじょうおおみや
四条堀川
コート
四条烏丸
綾小路通
しじょう
壬生寺
壬生通
黒門通
猪熊通
岩上通
醒ケ井通
仏光寺通
からすま
五条署
千本通
松原中
烏丸高辻
東中筋通
若宮通
小田原町通
諏訪町通
不明門通
堀川署
光徳小
瑞雲院
堀川五条
烏丸五条
五条通
五条大宮
たんばぐち
中堂寺通
櫛笥通
下松屋通
東急
楊梅通
ごじょう
緑風荘
六条通
花屋町通
旧花屋町通
洛兆
東本願寺
正面通
西本願寺
北小路通
七条堀川
七条通
24
25
26
37
367
38
9
1

D
おすすめどころ
27 出町ふたば
28 いち和
29 かざりや
30 紫野源水
31 鳳飛
32 中華のサカイ 本店
33 大徳寺一久
34 松屋藤兵衛
35 日吉屋
36 西陣鳥岩楼
37 鳴海餅本店
賀茂
府立植物園
下鴨
北泉通
疏水分流
京都府立大
洛北高
賀茂川
北大路橋
北大路通
下鴨本通北大路
交番
下鴨本通
加茂街道
ホリデイ・イン京都
下鴨神社
出雲路橋
天寧寺
鞍馬口町
下鴨小
上御霊神社
上御霊前通
糺の森
高野川
河合神社
出雲路
賀茂川
京都産業大附属高・中
光明寺
阿弥陀寺
御蔭橋
叡山電鉄叡山本線
相国寺
葵橋東詰
養正小
葵橋
葵公園
葵橋西詰
でまちやなぎ
河合橋
同志社大
出町橋
同志社女子大
今出川通
賀茂大橋
百万遍
今出川通
河原町今出川
石薬師御門
京都大学体育館
寺町通
鴨川公園
第四錦林小
左京区役所
京都御所
梨木神社（染井の井戸）
廬山寺
精華女子高・中
府立医大
京阪鴨東線
京都大学医学部
東大路通
大宮御所
河原町通
荒神橋
鴨沂高
京都御苑

E
小山
新町通
衣棚通
室町通
賀茂川
今宮神社
(織姫社)
28
29
一心寺
今宮通
鳳徳小
芳春庵
龍翔寺
32
31
小柳南通
きたおおじ
紫野通
高桐院
大徳寺
大宮通
紫野南通
堀川通
紫明小
烏丸北大路
龍光院
大谷大・短大
30
33
34
181
烏丸紫明
堀川北大路
紫野小
京都教育大
京都中・小
紫野
紫明通
船岡山公園
堀川紫明
鞍馬口通
くらまぐち
大泉寺
水火天満宮
本法寺
廬山寺通
寺之内通
宝鏡寺
烏丸中
浄福寺通
堀川寺之内
35
室町小
智恵光院通
上立売通
同志社大
五辻通
西陣中央小
シティ
36
嘉楽中
いまでがわ
今出川通
上京区役所
中筋通
堀川今出川
元誓願寺通
西陣織会館
レジーナ
烏丸今出川
笹屋町通
武者小路通
智恵光院
晴明神社
横神明通
一条通
38
上京区
上京中
中立売通
正親小
ハローワーク
堀川通
ブライトン
上長者町通
烏丸通
中長者町通
ガーデンパレス
下長者町通
裏門通
大宮通
黒門通
猪熊通
葭屋町通
ルビノ
京都府庁
府警本部
京都御苑
下立売通
二条城北小
37
第二赤十字病院

F
おすすめどころ
38 近為
39 上七軒歌舞練場ビアガーデン
40 クリケット
181
北大路通
金閣寺
金閣寺前
府立盲学校
高等部
船岡山公園
31
衣笠
木辻通
柏野小
鞍馬口通
千本鞍馬口
木辻馬代
ファースト
フード
平野
千本寺之内
千本通
石像寺
平野神社
翔鸞小
上立売通
千本釈迦堂
(大報恩寺)
40
交番
北野天満宮
38
千本今出川
今出川通
衣笠小
西大路通
北野
39
洛星高・中
上七軒
京福北野線
今小路通
101
上京署
きたのはくばいちょう
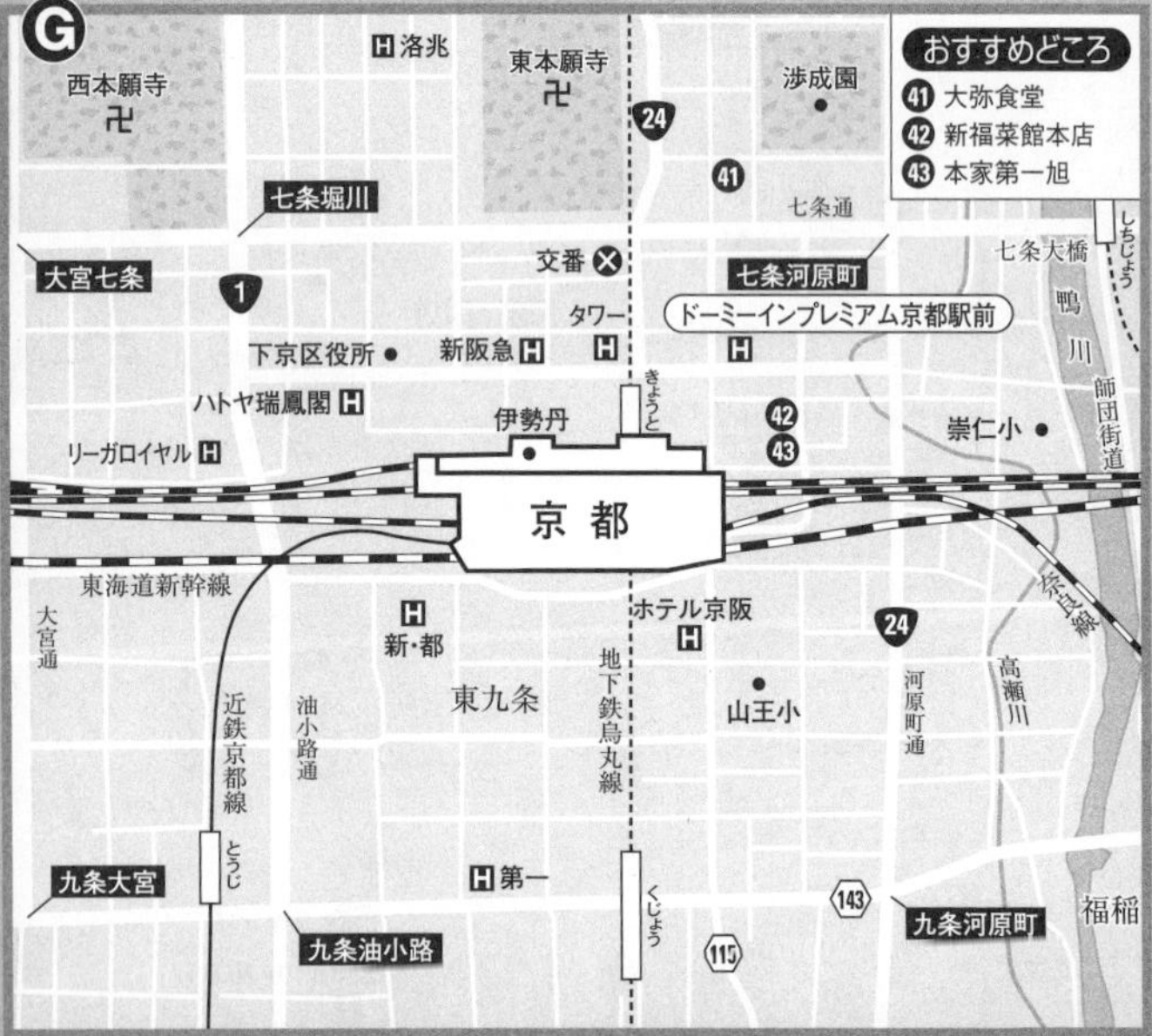
G
洛兆
東本願寺
涉成園
おすすめどころ
41 大弥食堂
42 新福菜館本店
43 本家第一旭
西本願寺
24
41
七条堀川
七条通
しちじょう
七条大橋
大宮七条
交番
七条河原町
1
鴨川
タワー
ドーミーインプレミアム京都駅前
下京区役所
新阪急
きょうと
ハトヤ瑞鳳閣
伊勢丹
42
43
崇仁小
師団街道
リーガロイヤル
京都
東海道新幹線
奈良線
大宮通
ホテル京阪
新・都
24
近鉄京都線
油小路通
東九条
地下鉄烏丸線
山王小
河原町通
高瀬川
とうじ
第一
くじょう
143
九条大宮
福稲
九条油小路
九条河原町
115

H
おすすめどころ
44 ひろ文
44
鞍馬山
鞍馬川
貴船神社
ひろや
ふじや
魔王殿
鞍馬
木の根道
鞍馬寺
鞍馬
由岐神社
たほうとう
鞍馬山ケーブル
さんもん
左京区
貴船川
くらま
叡山電鉄鞍馬線
岩倉
きぶねぐち

I
宇治東IC
京滋バイパス
三室戸寺
JR奈良線
京阪宇治線
みむろど
うじ
宇治川
宇治神社
平等院

J
おすすめどころ
45 平野屋
46 廣川
47 天龍寺 篩月
45
137
化野念仏寺
嵐山高雄
パークウェイ
大覚寺
大沢池
嵯峨野
祇王寺
50
清凉寺
29
大覚寺門前
嵯峨
釈迦堂清滝道
二尊院
丸太町通
187
常寂光寺
嵯峨野線（山陰本線）
さがあらしやま
トロッコさが
29
法然寺
46
野宮神社
トロッコあらしやま
47
天龍寺
135
らんでんさが
あらしやま

a拡大図
おすすめどころ
48 にほのうみ
49 焼肉やさか
50 湖舟
51 うばがもちや本店
52 ちゃんぽん亭総本家 草津駅前店
53 比良山荘
琵琶湖
水生植物公園みずの森
147
もりやま芦刈園
草津烏丸半島港
琵琶湖博物館
48
蓮群生地
烏丸記念公園
快走湖岸ロード
559
湖岸緑地
真珠養殖場
26
芦浦観音寺
常教寺

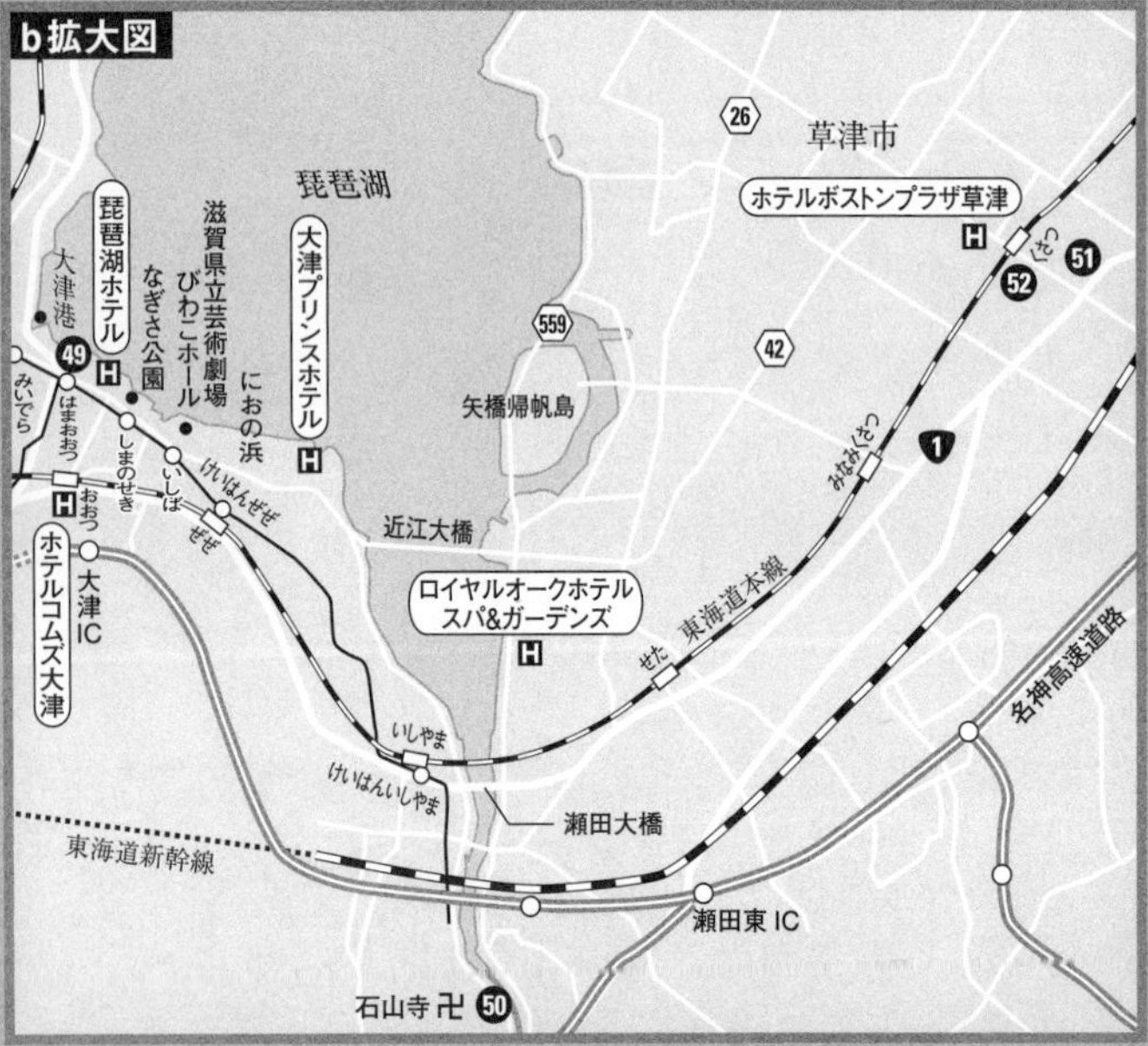
b拡大図
26
草津市
琵琶湖
ホテルボストンプラザ草津
くさつ
51
52
琵琶湖ホテル
大津港
滋賀県立芸術劇場びわこホール
なぎさ公園
大津プリンスホテル
におの浜
559
42
49
矢橋帰帆島
みいでら
はまおおつ
しまのせき
いしば
けいはんぜぜ
ぜぜ
おおつ
みなみくさつ
1
近江大橋
ホテルコムズ大津
大津IC
ロイヤルオークホテルスパ&ガーデンズ
東海道本線
せた
名神高速道路
いしやま
けいはんいしやま
瀬田大橋
東海道新幹線
瀬田東IC
石山寺
50

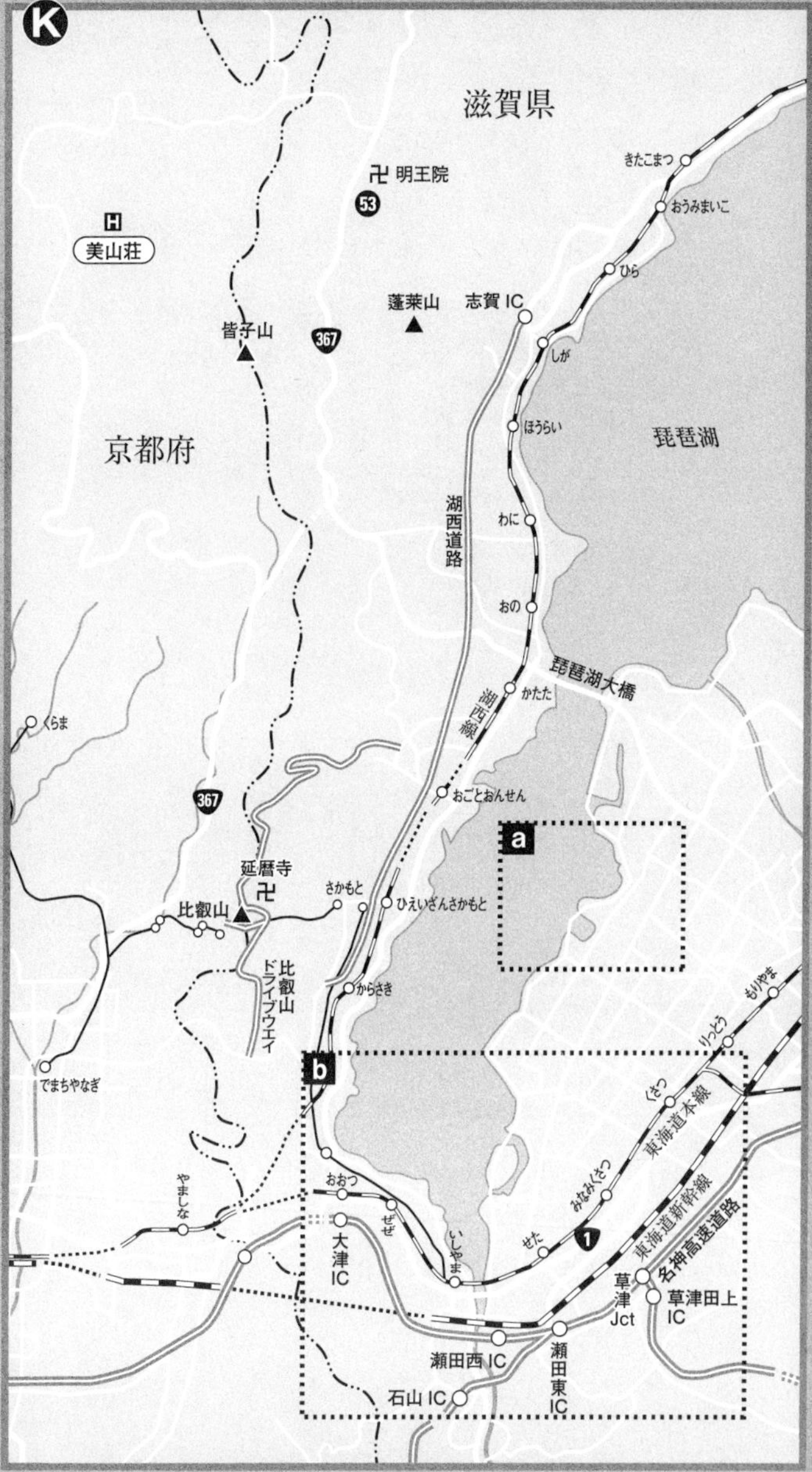
K
滋賀県
明王院
53
H
美山荘
蓬莱山
志賀 IC
皆子山
367
京都府
きたこまつ
おうみまいこ
ひら
しが
ほうらい
琵琶湖
湖西道路
わに
おの
琵琶湖大橋
かたた
湖西線
くらま
おごとおんせん
367
a
延暦寺
さかもと
ひえいざんさかもと
比叡山
比叡山ドライブウエイ
からさき
でまちやなぎ
b
もりやま
りっとう
くさつ
東海道本線
みなみくさつ
おおつ
ぜぜ
やましな
大津IC
いしやま
せた
1
東海道新幹線
名神高速道路
草津Jct
草津田上IC
瀬田西 IC
瀬田東IC
石山 IC

TEL：075（752）3110／FAX：075（752）3120 ［p.219］

【地図C】
京都国際ホテル
〒604-8502 京都市中京区堀川通二条城前
TEL：075（222）1111／FAX：075（231）9381
http://www.kyoto-kokusai.com/ ［p.219］

【地図G】
ドーミーインプレミアム京都駅前
〒600-8216 京都市下京区東塩小路町558-8
TEL：075（371）5489／FAX：075（371）1861
http://www.hotespa.net/hotels/kyoto/ ［p.129、225］

【地図K】
ホテルボストンプラザ草津
〒525-0037 草津市西大路町1-27
TEL：077（561）3311／FAX：077（561）3322
http://www.hotel-bp.co.jp/ ［p.183、201］

琵琶湖ホテル
〒520-0041 大津市浜町2-40
TEL 077（524）7111（代表） http://www.biwakohotel.co.jp/ ［p.171、207］

ホテルコムズ大津
〒520-0054 大津市逢坂1-1-1
TEL：077（527）6711／FAX：077（527）6728
http://www.hotelcoms.jp/otsu/ ［p.208］

ロイヤルオークホテル スパ＆ガーデンズ
〒520-2143 大津市萱野浦23-1
TEL：077（543）0111（代表）
http://www.royaloakhotel.co.jp/ ［p.208］

大津プリンスホテル
〒520-8520 大津市におの浜4-7-7
TEL：077（521）1111／FAX：077（521）1110
http://www.princehotels.co.jp/otsu/ ［p.171、209］

美山荘
〒601-1102 京都市左京区花脊原地町大悲山375
TEL：075（746）0231／FAX：075（746）0233
http://miyamasou.jp/ ※食事のみも可 ［p.209］

草津市立水生植物公園みずの森
〒525-0001　草津市下物町1091
TEL：077（568）2332／FAX：077（568）0955
開園時間：9:00〜17:00、夏季（7月11日〜8月20日）は7:00開園
（入園はいずれも16:30まで。温室は〜16:30）
入場料：大人300円、高・大学生250円、小・中学生150円
定休日：月曜（祝日の場合は翌日休）
http://www.mizunomori.jp/　［p.183］

琵琶湖博物館
〒525-0001　草津市下物町1091
TEL：077（568）4811／FAX：077（568）4850
開館時間：9:30〜17:00（入館は16:30まで）　定休日：月曜、不定休あり
料金（常設展）：大人750円、高・大学生400円
http://www.lbm.go.jp/　［p.185］

明王院
〒520-0475　大津市葛川坊村町155
TEL：077（599）2372
拝観自由　拝観料：なし　［p.194］

■本書で紹介した主なホテル（地図ごと）

【地図A】
其中庵
〒605-0071　京都市東山区円山公園
TEL：075（533）0210／FAX：075（533）0034
http://homepage2.nifty.com/kicyuan/
※日帰りボディケア、薬膳料理（昼食）もあり　［p.215］

【地図B】
三福
〒604-8011　京都市中京区先斗町三条下ル若松町140
TEL：075（221）5696　［p.214］

田舎亭
〒605-0825　京都市東山区祇園下河原石塀小路463
TEL：075（561）3059　http://www.inakatei.com/　［p.216］

ホテルユニゾ京都
〒604-8032　京都市中京区河原町通三条下ル
TEL：075（241）3351　http://www.hotelunizo.com/　［p.218］

Caede hotel
〒605-0001　京都市東山区三条通大橋東2町目53-1

【地図H】
貴船神社
〒601-1112　京都市左京区鞍馬貴船町180
TEL：075（741）2016
拝観時間：6:00～20:00（4月1日～12月14日。その他日にちによって変更あり）
拝観料：なし　http://kibune.jp/jinja/　［p.41、44］

鞍馬寺
〒601-1111　京都市左京区鞍馬本町1074
TEL：075（741）2003
拝観時間：9:00～16:30、霊宝殿9:00～16:00
休み：霊宝殿は月曜（祝日の場合は翌日）、12月12日～2月末　［p.49］

【地図Ｉ】
三室戸寺
〒611-0013　宇治市莵道滋賀谷21
TEL：0774（21）2067
拝観時間：8:30～16:00
拝観料：大人500円、小人300円　http://www.mimurotoji.com/　［p.70］

【地図Ｊ】
二尊院
〒616-8425　京都市右京区嵯峨二尊院門前長神町27
TEL：075（861）0687
拝観時間：9:00～16:30　拝観料：500円、小学生以下無料　［p.70］

天龍寺
〒616-8385　京都市右京区嵯峨天龍寺芒ノ馬場町68
TEL：075（881）1235（受付8:30～17:30）
拝観時間：8:30～17:30（10月21日～3月20日までは17:00閉門）
拝観料：庭園　高校生以上500円、小・中学生300円、諸堂参拝などは別途
http://www.tenryuji.com/　［p.142］

【地図K】
大津港／ミシガン（琵琶湖クルーズ）問い合わせ先
TEL：077（524）5000／0120（050）800　※琵琶湖汽船予約センター
http://www.biwakokisen.co.jp/　［p.172］

石山寺
〒520-0861 滋賀県大津市石山寺1-1-1
TEL：077（537）0013／FAX：077（533）0133
拝観時間：8:00～16:30（入山は16:00まで）入山料：500円
http://www.ishiyamadera.or.jp/　［p.175］

TEL：075（222）2062　[p.57]

神泉苑
〒604-8306　京都市中京区御池通神泉苑町東入ル門前町167
TEL：075（821）1466／FAX：075（821）1461
拝観時間：9:00～20:00　拝観料：なし
http://www.shinsenen.org/　[p.60]

武信稲荷神社
〒604-8801　京都市中京区三条大宮西二筋目下ル今新在家西町38
TEL／FAX：075（841）3023
拝観自由　拝観料：なし　http://takenobuinari.jp/　[p.64]

【地図D】
染井の井戸（梨木神社内）
〒602-0844　京都市上京区寺町通広小路上ル染殿町680
TEL：075（211）0885／FAX：075（257）2624
拝観時間：門内6:00～17:00頃（季節により変動）　拝観料：なし
http://nashinoki.jp/　[p.35、37]

廬山寺
〒602-0852　上京区上京区寺町通広小路上ル北之辺町397
TEL：075（231）0355／FAX：075（231）1357
拝観時間：9:00～16:00　拝観料：400円
http://www7a.biglobe.ne.jp/~rozanji/　[p.79]

【地図E】
本法寺
〒602-0061　京都市上京区小川通寺之内上ル本法寺前町 617
TEL：075（441）7997
拝観時間：10:00～16:00　拝観料：庭園、宝物殿は500円　[p.72]

水火天満宮
〒602-0071　京都市上京区堀川通上御霊前上ル扇町722-10
TEL：075（451）5057
拝観自由、24時消灯　拝観料：なし
http://www6.ocn.ne.jp/~su-i-ka/　[p.72]

織姫社（今宮神社内）
〒603-8243　京都市北区紫野今宮町21
TEL：075（491）0082（受付9:00～17:00）
拝観自由　拝観料：なし　http://imamiyajinja.org/　[p.154]

拝観時間：9:00〜17:00　拝観料：大人300円、高・中学生200円　［p.79］

【地図A】

霊山護国神社

〒605-0861　京都市東山区清閑寺霊山町1
TEL：075（561）7124／FAX：075（531）0972
拝観時間：開門8:00、入山受付9:00、閉門17:00
拝観料（墳墓）：大人300円、小・中学生200円
http://www.gokoku.or.jp/　［p.51］

南禅寺

〒606-8435　京都市左京区南禅寺福地町86
TEL：075（771）0365
拝観時間：8:40〜17:00（12月1日〜2月28日は16:30まで）
拝観料：方丈庭園　大人500円、高校生400円、小・中学生300円など
http://www.nanzen.net/　［p.41、76］

知恩院

〒605-0086　京都市東山区林下町400
TEL：075（531）2111（代表）
拝観時間：早朝〜16:30（開門時間は季節によって異なる）
拝観料：庭園のみ大人500円など
http://www.chion-in.or.jp/　［p.86］

【地図B】

土佐稲荷岬神社

〒604-8023　京都市中京区蛸薬師通河原町東入ル備前島町317-2
※通常、無人となります
拝観自由　［p.54］

酢屋

〒604-8031　京都市中京区河原町通三条下ル大黒町47
TEL：075（211）7700／FAX：075（256）6066
〈ギャラリー龍馬〉11:00〜17:00　入場料：500円　定休日：水曜
http://www.kyoto-suya.co.jp/　［p.55］

【地図C】

醒ヶ井（亀屋良長内）

〒600-8498　京都市下京区四条通堀川東入ル醒ヶ井角
TEL：075（221）2005／FAX：075（223）1125
営業時間：9:00〜18:00　定休日：無休
http://www.kameya-yoshinaga.com/　［p.35、37］

御金神社

〒604-0042　京都市中京区西洞院通御池上ル押西洞院町618-2

㊿湖舟
〒520-0861　大津市石山寺3-2-37　石山寺観光駐車場内
TEL：077（537）0127／FAX：077（537）0121
営業時間：11:00〜16:30（17:00以降来店の場合は要予約）
定休日：不定休、金曜休業の場合あり
http://www.e510.jp/koshu/　［p.175］

51うばがもちや本店
〒525-0032　草津市大路2-13-19
TEL：077（566）2580
営業時間：9:00〜19:00（土日・祝8:00〜20:00）　定休日：なし　［p.188］

52ちゃんぽん亭総本家　草津駅前店
〒525-0032　草津市大路1-1-1 エルティ 932-1F
TEL：077（569）4996
営業時間：11:00〜24:00（L. O. 23:30）［p.190］

53比良山荘
〒520-0475　大津市葛川坊村町94
TEL：077（599）2058
営業時間：11:30〜14:00、17:00〜19:00（予約制）
定休日：火曜　http://www.hirasansou.com/　［p.193］

■ 本書で紹介した寺社・公共施設リスト（地図ごと）

【広域図】
赤山禅院
〒606-8036　京都市左京区修学院開根坊町18
TEL：075（701）5181
拝観時間：9:00〜16:30　拝観料：なし　［p.22、42］

藤森神社
〒612-0864　京都市伏見区深草鳥居崎町609
TEL：075（641）1045／FAX：075（642）6231
拝観時間：紫陽花苑9:00〜16:00　拝観料：紫陽花苑300円
http://www.fujinomorijinjya.or.jp/　［p.70］

常照寺
〒603-8468　京都市北区鷹峯北鷹峯町1
TEL：075（492）6775
拝観時間：8:30〜17:00　拝観料：300円　［p.70］

金福寺
〒606-8157　京都市左京区一乗寺才形町20
TEL：075（791）1666

㊸本家第一旭
〒600-8213　京都市下京区東塩小路向畑町845
TEL：075（351）6321
営業時間：5:00〜26:00　定休日：木曜
http://www.daiichiasahi.com/　［p.139、228］

【地図H】
㊹ひろ文（料理、旅館）
〒601-1112　京都市左京区鞍馬貴船町87
TEL：075（741）2147／FAX：075（741）1208
流しそうめん営業時間：5月1日〜9月26日、11:00〜16:00
http://hirobun.co.jp/　［p.49］

【地図J】
㊺平野屋
〒616-8437　京都市右京区嵯峨鳥居本仙翁町16
TEL：075（861）0359
営業時間：11:30〜19:00（L.O.）　定休日：年中無休
http://www13.ocn.ne.jp/~a0359/　［p.114］

㊻廣川
〒616-8374　京都市右京区嵯峨天竜寺北造路町44-1
TEL：075（871）5226
営業時間：11:30〜14:30（L. O.）、17:00〜20:00（L. O.）
定休日：月曜（祝日の場合は営業）　http://unagi-hirokawa.jp/　［p.150］

㊼天龍寺 篩月
〒616-8385　京都市右京区嵯峨天竜寺芒ノ馬場町68
TEL：075（882）9725／FAX：075（882）9726
営業時間：11:00〜14:00　年中無休　※別途、庭園参拝料500円が必要
http://www.tenryuji.com/　［p.142］

【地図K】
㊽にほのうみ
〒525-0001　草津市下物町1091　琵琶湖博物館内
TEL：077（568）4819
営業時間：10:30〜17:00（食事は11:00〜16:00）　定休日：月曜（博物館に準ずる）　http://www.nanyouken.co.jp/nionoumi/　［p.187］

㊾焼肉やさか
〒520-0041　大津市浜町2-1 浜大津アーカス3F
TEL：077（510）1239
営業時間：11:00〜23:00（L.O. 22:00）　不定休　［p.173］

㊱西陣鳥岩楼
〒602-8446　京都市上京区五辻通智恵光院西入ル南側
TEL：075（441）4004／FAX：075（441）4500
営業時間：12:00〜21:00　定休日：木曜
http://www3.ocn.ne.jp/~mao_utty/toriiwa/　［p.100］

㊲鳴海餅本店
〒602-8138　京都市上京区堀川下立売西南角
TEL：075（841）3080／FAX：075（841）6070
営業時間：8:30〜17:30　不定休
http://www.narumi-mochi.jp/　［p.158］

【地図F】
㊳近為
〒602-8475　京都市上京区千本通五辻上ル牡丹鉾町576
TEL：075（461）4072／FAX：075（461）4770
営業時間：販売9:30〜17:30、お茶漬席11:00〜15:00
定休日：販売は年中無休、お茶漬席は火曜
http://www.kintame.co.jp/　［p.132］

㊴上七軒歌舞練場ビアガーデン
〒602-8381　京都市上京区今出川通七本松西入ル真盛町742
TEL：075（461）0148／FAX：075（461）0149　※上七軒お茶屋協同組合
営業時間：夏季限定（7月1日〜9月5日）、17:30〜22:00　お盆休みあり
http://www.maiko3.com/　［p.161］

㊵クリケット
〒603-8345　京都市北区平野八丁柳町68-1 サニーハイム金閣寺
TEL／FAX：075（461）3000
営業時間：平日10:00〜19:00（日祝〜18:00）　定休日：火曜、12月31日
http://www.cricket-jelly.com/　［p.156］

【地図G】
㊶大弥食堂
〒600-8148　京都市下京区下数珠屋通東洞院東入ル南側
TEL：075（371）1194
営業時間：7:00頃〜19:00頃（変動あり）　定休日：日曜　［p.138］

㊷新福菜館本店
〒600-8213　京都市下京区東塩小路向畑町569
TEL：075（371）7648
営業時間：7:30〜22:00　定休日：水曜
http://www.shinpuku.net/　［p.139、228］

㉘いち和
〒603-8243　京都市北区今宮神社東門前北側紫野今宮町69
TEL：075（492）6852
営業時間：10:00〜17:00　定休日：水曜（1日・15日、祝日の場合は翌日休）
［p.139］

㉙かざりや
〒603-8243　京都市北区今宮神社東門前南側紫野今宮町96
TEL：075（491）9402
営業時間：10:00〜17:00　定休日：水曜（1日・15日、祝日の場合は翌日休）
［p.139］

㉚紫野源水
〒603-8167　京都市北区小山西大野町78-1
TEL：075（451）8857
営業時間 9:30〜18:30　定休日：日曜・祝日　［p.157］

㉛鳳飛
〒603-8175　京都市北区紫野下鳥田町37-1
TEL：075（493）5025
営業時間：18:30〜20:00　定休日：水曜　［p.144］

㉜中華のサカイ 本店
〒603-8217　京都市北区紫野上門前町 92（新大宮商店街）
TEL：075（492）5004／FAX：075（492）8581
営業時間：11:00〜22:00（宴会は〜21:30）　定休日：月曜（祝日は営業）
http://www.reimen.jp/　［p.151］

㉝大徳寺一久
〒603-8215　京都市北区紫野大徳寺下門前町20
TEL：075（493）0019／FAX：075（491）1900　要予約
営業時間：大徳寺納豆9:00〜20:00、精進料理12:00〜18:00（入店、要予約）
不定休　http://www.daitokuji-ikkyu.jp/　［p.143］

㉞松屋藤兵衛
〒603-8214　京都市北区紫野雲林院町28
TEL：075（492）2850
営業時間：9:00〜18:00　定休日：木曜　［p.153］

㉟日吉屋
〒602-0072　京都市上京区堀川寺之内東入ル百々町546
TEL：075（441）6644／FAX：075（441）6645
営業時間：10:00〜17:00　定休日：年末年始
http://www.wagasa.com/　［p.71］

http://www.honke-owariya.co.jp/ ［p.141］

㉑侘家洛中亭
〒604-8013　京都市中京区四条先斗町上ル東側
TEL：075（241）1616
営業時間：17:00〜23:30（L.O.22:30）　定休日：水曜
http://www.wabiya.com/rakutyu/ ［p.125］

㉒アトランティス（BAR ATLANTIS）
〒604-8013　京都市中京区四条先斗町上ル松本町161
TEL：075（241）1621
営業時間：18:00〜26:00（日曜〜25:00、川床は〜23:00）　年中無休
http://www.atlantis-net.co.jp/ ［p.126］

㉓開陽亭
〒604-8012　京都市中京区先斗町通四条上ル柏屋町173-3
TEL：075（221）3607
営業時間：12:00〜15:00、17:00〜22:00（L.O.21:00）　定休日：火曜
http://www.kaiyoutei.com/ ［p.124］

㉔お食事処 やまびこ
〒604-0081　京都市中京区丸太町西洞院東入ル田中町122
TEL：075（231）5477／FAX：075（231）5496
営業時間：11:30〜14:45、17:30〜21:30　定休日：第４金曜夜、土曜
http://www.suji-curry.com/ ［p.146］

㉕京都全日空ホテルビアガーデン
〒604-0055　京都市中京区堀川通二条城前
TEL：075（231）1155／FAX：075（231）5333
営業時間：2010年は6月10日〜9月15日、18:00〜21:00（L. O. 20:30）
定休日：雨天の場合、8月16日（「五山の送り火」の日）
http://www.ana-hkyoto.com/ ［p.162］

㉖そば処 更科
〒604-8316　京都市中京区大宮姉小路上ル三坊大宮町123
TEL：075（841）5933
営業時間：11:00〜19:30（祝日は〜17:00）
定休日：日曜・第２土曜 ［p.62］

【地図D、E】
㉗出町ふたば
〒602-0822　京都市上京区出町通今出川上ル青龍町236
TEL：075（231）1658
営業時間：8:30〜17:00　定休日：火曜・第４水曜（祝日の場合は翌日休）
［p.155］

営業時間：11:30～15:00（L.O.14:00）、17:00～22:00（L.O.21:30）
定休日：月曜・第２第４火曜（祝日等により変更あり）
http://www.kyo-sumire.com/ ［p.123］

⑬割烹はらだ
〒604-0907　京都市中京区河原町通竹屋町上ル西側大文字町239
TEL：075（213）5890
営業時間：17:00～23:00　定休日：月曜 ［p.118］

⑭俵屋（旅館）
〒604-8094　京都市中京区麩屋町通御池下ル中白山町278
TEL：075（211）5566　※食事のみも可。要予約。
［p.78、112、120、134］

⑮イノダコーヒ　本店
〒604-8118　京都市中京区堺町通三条下ル道祐町140
TEL：075（221）0507／FAX：075（221）0530
営業時間：7:00～20:00　定休日：なし
http://www.inoda-coffee.co.jp/ ［p.134］

⑯点邑
〒604-8076　京都市中京区御幸町通三条下ル海老屋町324-1
TEL：075（212）7778
営業時間：11:30～14:00、17:00～21:00　定休日：火曜 ［p.120］

⑰宮脇賣扇庵
〒604-8073　京都市中京区六角通富小路東入ル大黒町80-3
TEL：075（221）0181／FAX：075（221）0439
営業時間：9:00～18:00（夏期～19:00）　定休日：年末年始のみ
http://www.baisenan.co.jp/ ［p.94］

⑱要庵西富家
〒604-8064　京都市中京区富小路六角下ル
TEL：075（211）2411／FAX：075（211）2415
※食事のみも可。要予約。 http://www.kanamean.co.jp/ ［p.113］

⑲近又（懐石・宿）
〒604-8044　京都市中京区御幸町四条上ル
TEL：075（221）1039／FAX：075（231）7632
営業時間：朝食7:30～9:00、昼懐石12:00～13:00、夕懐石17:30～19:30（入店）
定休日：水曜　http://www.kinmata.com/ ［p.129］

⑳本家尾張屋　錦小路店
京都市中京区富小路通錦小路下ル西側
TEL：075（255）0805
営業時間：9:30～19:00　定休日：1月1・2日のみ

本書で主に紹介した店舗・寺社・ホテルリスト

【地図B、C】

⑥鳥新

〒605-0087　京都市東山区祇園縄手四条上ル
http://homepage1.nifty.com/torisin/　［p.52、100］
※店舗は「水だき・すき焼きの鳥新」と「やきとりのとり新（昼は親子丼)」に分かれています
〈水だき〉
17:00〜21:00（L. O. 20:30）　定休日：木曜（臨時休業あり）
TEL：075（561）1362　※できるだけ予約
〈親子丼〉※親子丼は昼のみのメニューです
12:00〜14:00、18:00〜23:00（L. O. 22:00）
定休日：木曜（臨時休業あり）
TEL：075（541）4857　※お昼は予約不可

⑦ぎをん権兵衛

〒605-0073　京都市東山区祇園町北側254
TEL：075（561）3350
営業時間：12:00〜21:00　定休日：木曜　［p.152］

⑧珈琲カトレヤ

〒605-0073　京都市東山区祇園町北側284
TEL：075（708）8670
営業時間：10:00〜22:00　定休日：水曜　［p.159］

⑨う桶や う

〒605-0074　京都市東山区祇園西花見小路四条下ル
TEL：075（551）9966
営業時間：12:00〜14:00、17:00〜21:00　定休日：月曜
http://www.yagenbori.co.jp/　［p.148］

⑩鍵善良房 本店

〒605-0073　京都市東山区祇園町北側264
TEL：075（561）1818／FAX：075（525）1818
営業時間：喫茶9:30〜18:00（L. O. 17:45）　定休日：月曜（祝日の場合は翌日）
http://www.kagizen.co.jp/　［p.154］

⑪建仁寺 祇園丸山

〒605-0811　京都市東山区小松町566-15（建仁寺南側）
TEL：075（561）9990／FAX：075（561）9991　※要予約
営業時間：11:00〜13:30、17:00〜19:30（入店）　不定休（基本的に木曜休）
http://www.gionmaruyama.com/　［p.113］

⑫中国料理 菫

〒600-8012　京都市下京区木屋町団栗橋下ル斎藤町138
TEL：075（342）2208

本書で主に紹介した店舗・寺社・ホテルリスト

※ 掲載しているお店の営業時間、寺社の拝観時間・拝観料等の情報は変動する可能性があります。また、お店は要予約のところが多くありますので、詳しくはお問い合わせください。
※ ページ数は本文中掲載ページです。
※ 地図は「広域図」のみ本書冒頭に、その他はp.233〜p.241に掲載していますので、ご参照ください。

■ 本書に登場する主な店舗リスト（地図ごと）

【広域図】
①松乃鰻寮
〒606-0016　京都市左京区岩倉木野町189
TEL：075（701）1577
営業時間：12:00〜21:00（L. O. 19:30）　定休日：木曜（不定休あり）
http://matsuno-co.com/　［p.44］

②音戸山山荘畑善
〒616-8255　京都市右京区鳴滝音戸山町6-18
TEL：075（462）0109
営業時間：11:30〜14:30、17:30〜21:00（完全予約制）
定休日：火曜（祭日の場合と事前予約の場合は営業）［p.115］

③La Boulange ASANO（ラ・ブランジェ・アサノ）
〒603-8103　京都市北区小山北玄以町25 リバーズストリーム鴨 1F
TEL：075（493）1693
営業時間：7:30〜18:30　定休日：木曜　［p.136］

【地図A】
④草喰なかひがし
〒606-8406　京都市左京区浄土寺石橋町32-3
TEL：075（752）3500（完全予約制）
営業時間：12:00〜14:00（L. O.）、18:00〜21:00（L. O.）
定休日：月曜　［p.121］

⑤カフェ・テラッツァ
〒606-8421　京都市左京区鹿ヶ谷法然院町72
TEL：075（751）7931
営業時間 9:00〜18:00、ランチ11:00〜15:00（L. O.）　定休日：なし
http://www.cafeterrazza.com/　［p.160］

柏井壽（かしわいひさし）
1952年京都府生まれ、'76年大阪歯科大学卒業後、京都市北区に歯科医院を開業。生粋の京都人であることから京都関連の、さらには生来の旅好きから、旅紀行のエッセイを執筆。テレビ朝日系の旅番組「旅の香り」の監修も担当する。著書に『京料理の迷宮』『極みの京都』『おひとり京都の愉しみ』（以上、光文社新書）、『Discover Japan 1 日本の魅力、再発見』（監修、エイムック）、『京都　至福のひと皿』（JTBパブリッシング）など多数。柏木圭一郎名義で「建築学者・京極要平の事件簿」「名探偵・星井裕の事件簿」シリーズを執筆。『有馬温泉「陶泉 御所坊」殺人事件』（小学館文庫）、『京都「龍馬逍遥」憂愁の殺人』（光文社文庫）など。

京都《きょうと》　夏《なつ》の極《きわ》めつき

2010年6月20日初版1刷発行

著　者 —— 柏井壽
発行者 —— 古谷俊勝
装　幀 —— アラン・チャン
印刷所 —— 堀内印刷
製本所 —— 榎本製本
発行所 —— 株式会社光文社
東京都文京区音羽1-16-6（〒112-8011）
http://www.kobunsha.com/
電　話 —— 編集部03(5395)8289 書籍販売部03(5395)8113
業務部03(5395)8125
メール —— sinsyo@kobunsha.com

 ISBN 978-4-334-03571-6